ENTREES
CHAUDES et FROIDES

ENTREES
CHAUDES et FROIDES

EDITIONS
OPEASI
LUCERNE

Signification des symboles
accompagnant les recettes

Recettes

✕ élémentaire

✕ ✕ facile

✕ ✕ ✕ difficile

Recettes

◯ peu coûteuse

◯◯ raisonnable

◯◯◯ chère

Voici un livre de recettes pour les gourmets et les gourmands, pour tous budjets et pour toutes saisons.

A travers ce livre, nous souhaitons permettre à toutes celles et à tous ceux qui cuisinent par passion ou par nécessité de mieux leur faire connaître ces produits de la nature indispensables à notre santé et à notre alimentation.

Toute une gamme de produits maraîchers et fruitiers vous est offerte au gré des marchés. Les salades sont généralement appréciées pour peu qu'elles offrent une variété suffisante et soient présentées de façon agréable à l'œil et au goût. Avec un peu de recherche, on pourra varier les associations à l'infini.

On a coutume de dire que le plaisir de la table commence par celui des yeux. Pour commencer un dîner ou un déjeuner, voici quelques recettes originales d'entrées. Grâce à ce livre, vous pourrez exploiter les ressources du marché saisonnier des fruits et des légumes. Véritable mariage de saveurs, de couleurs et de goût, cet ouvrage vous permettra de varier vos menus et de voyager au fil des recettes.

RECETTES DE BASE

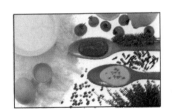

PATE A CHOUX

✕✕ ◯

Pour 500 g environ.
Préparation : 20 mn.
Cuisson : 5 mn.

Ingrédients :
1/4 l d'eau
75 g de beurre
3 œufs
125 g de farine
1 pincée de sel
1 cuil. à soupe de sucre.

Porter à ébullition l'eau, le beurre coupé en morceaux, le sel et le sucre.

Hors du feu, verser d'un seul coup la farine en remuant vigoureusement. Remettre sur feu doux et dessécher la pâte en remuant jusqu'à ce qu'elle se détache complètement du fond de la casserole.

Retirer du feu. Ajouter les œufs un à un en remuant jusqu'à ce que la masse redevienne homogène avant d'incorporer le suivant.

PATE A CREPES

✕ ◯

Pour 20 crêpes.
Préparation : 10 mn.
Cuisson : 20 mn.
Repos : 1/2 h.

Ingrédients :
250 g de farine
3 œufs
1/2 l de lait
50 g de beurre fondu
1 pincée de sel
70 g de beurre
40 g de beurre pour la cuisson.

Mélanger la farine et le sel. Ajouter progressivement le lait, les œufs puis le beurre fondu. Passer au chinois. Laisser reposer.

Faire cuire les crêpes au beurre, dans une poêle bien chaude.

PATE BRISEE

Pour 350 g environ.
Préparation : 15 mn.
Repos : 1/2 h.

Ingrédients :
200 g de farine
100 g de beurre
1 pincée de sel
1 petit verre d'eau.

Mettre la farine en fontaine, ajouter le sel. Emietter le beurre froid en petits morceaux du bout des doigts.

Faire un puits et verser l'eau. Travailler du bout des doigts pour former une pâte souple. La fraiser deux ou trois fois avec la paume de la main.

Ramasser en boule. Laisser reposer 1/2 heure au frais avant l'utilisation.

PATE A PIZZA

Pour 300 g environ.
Préparation : 15 mn.
Repos : 40 mn.

Ingrédients :
250 g de farine
1/2 dl d'huile d'olive
1 verre d'eau tiède
Sel
20 g de levure de boulanger.

Délayer la levure avec un peu de farine dans l'eau tiède. Laisser lever 10 minutes.

Disposer le reste de la farine et le sel en fontaine. Verser le levain et l'huile. Mélanger puis travailler énergiquement la pâte pendant 10 minutes. La laisser reposer couverte d'un linge dans un endroit tiède jusqu'à ce qu'elle ait doublé de volume.

COURT-BOUILLON

Pour 1 l environ.
Préparation : 10 mn.
Cuisson : 20 mn.

Ingrédients :
1 l d'eau
1 carotte
1 oignon
1 feuille de laurier
1 bouquet de persil
10 grains de poivre
2 clous de girofle
2 dl de vin blanc sec
Gros sel de mer.

Emincer la carotte et l'oignon, les mettre dans une casserole avec 1 l d'eau, le vin blanc, laurier, girofle, poivre, sel, persil. Porter à ébullition puis laisser cuire pendant 20 minutes à feu moyen.

FUMET DE POISSON

Pour 1 l environ.
Préparation : 10 mn.
Cuisson : 30 mn.

Ingrédients :
1 kg d'arêtes et de parures de poisson (sole, turbot)
1 carotte
1 poireau
1 oignon
1 échalote
1 bouquet garni (persil, thym, laurier)
2 grains de poivre
1 verre de vin blanc
1 pincée de sel
1 noix de beurre
1 cuil. à café d'huile.

Passer les parures et les arêtes de poisson sous un filet d'eau.

Dans une grande casserole, mettre le beurre et l'huile à feu moyen. Ajouter les légumes coupés en rondelles, l'échalote hachée, et faire suer 4 à 5 minutes sans colorer.

Ajouter les parures de poisson, laisser à nouveau 5 minutes.

Incorporer le vin blanc puis 1,5 l d'eau et le bouquet garni. Assaisonner. Faire cuire 30 minutes et filtrer au chinois.

Mettre au réfrigérateur et dégraisser le lendemain.

SAUCE POISSON

Pour 1/4 l environ.
Préparation : 15 mn.
Cuisson : 15 mn.

Ingrédients :
1 dl de fumet de poisson (p. 12)
1 dl de crème
10 g de beurre manié
40 g de beurre
Sel, poivre de Cayenne
Le jus d'1/2 citron.

Faire cuire le fumet de poisson 5 minutes. Verser la crème fraîche, prolonger la cuisson 5 minutes. Lier avec le beurre manié, cuire 3 minutes.

Ajouter le beurre frais en petits morceaux et assaisonner de sel fin, d'une pointe de poivre de Cayenne et éventuellement, selon le goût ou la recette, de jus de citron.

SAUCE AU CRESSON

Pour 4 personnes.
Préparation : 15 mn.

Ingrédients :
1 botte de cresson
1 dl de fromage blanc
Sel, poivre.

Trier le cresson et le mixer.
Mélanger le cresson au fromage blanc, saler, poivrer.

SAUCE BECHAMEL

Pour 4 dl environ.
Préparation : 5 mn.
Cuisson : 15 mn.

Ingrédients :
30 g de farine
30 g de beurre
1/3 l de lait
Sel, poivre
Noix de muscade.

Faire fondre le beurre dans une petite casserole. Y ajouter la farine. Faire chauffer jusqu'à ce que le mélange mousse.

Ajouter le lait froid en remuant. Continuer à tourner jusqu'à ce que la sauce épaississe. Assaisonner.

SAUCE TOMATE

Pour 1/2 l environ.
Préparation : 20 mn.
Cuisson : 20 mn.

Ingrédients :
800 g de tomates
5 cl d'huile d'olive
1 oignon
4 gousses d'ail
1 bouquet garni
1/4 l d'eau
Sel, poivre
Sucre
1 cuil. à soupe de concentré de tomate.

Faire revenir l'oignon haché dans l'huile. Ajouter les tomates coupées, le bouquet garni, l'assaisonnement et l'eau. Cuire 20 minutes à petit feu.

Mixer après avoir retiré le bouquet garni. Ajouter le concentré de tomate, l'ail écrasé et le sucre.

DRESSING EXOTIQUE

Pour 1/2 l de sauce.
Préparation : 15 mn.

Ingrédients :
1 jaune d'œuf
1 cuil. à soupe de moutarde
Sel, poivre
1,5 dl d'huile
5 cl de sauce chili (sauce de piment)
1,5 dl de crème
1 dl de vinaigre.

Garniture :
1/2 poivron vert (80 g)
1/2 poivron rouge (80 g)
1/2 concombre (120 g).

Mettre la moutarde dans un saladier. Ajouter le jaune d'œuf, l'assaisonnement puis l'huile pour en faire une mayonnaise. Détendre avec la crème, le vinaigre et la sauce chili.

Tailler les poivrons en brunoise (petits dés), ainsi que le concombre non épluché et épépiné.

Réserver dans un bocal.

On peut éplucher les poivrons en les faisant griller au four afin que ceux-ci soient plus digestes.

DRESSING FRANÇAIS

Pour 3/4 l de sauce.
Préparation : 15 mn.

Ingrédients :
1/4 l de bouillon de bœuf (en tablette)
1 cuil. à soupe de moutarde
2 dl de vinaigre
Sel, poivre
1 cuil. à soupe rase de paprika
1/3 l d'huile d'arachide
2 cuil. à soupe de fines herbes hachées (persil-ciboulette-estragon).

Réunir tous les ingrédients dans le mixer et faire tourner à grande vitesse.

Après une journée de repos, cette sauce se décompose. Redonner un coup de fouet pour l'utiliser.

VINAIGRETTE

Pour 1/3 l de sauce.
Préparation : 5 mn.

Ingrédients :
1 dl de vinaigre
1 pincée de sel
3 tours de moulin à poivre
2 dl d'huile.

Mettre l'assaisonnement dans le vinaigre pour le dissoudre puis ajouter l'huile en remuant.

Pour une vinaigrette moutardée, ajouter une cuillerée à soupe de moutarde. On peut aussi ajouter un demi-oignon haché très fin, une gousse d'ail hachée, une cuillerée à soupe de fines herbes hachées (persil, cerfeuil, ciboulette).

Pour une vinaigrette à l'huile d'olive, remplacer l'huile d'arachide par la même quantité d'huile d'olive.

On peut remplacer l'huile d'arachide par une huile parfumée (au basilic, aux crustacés pour les salades aux poissons, aux herbes, etc.), ainsi que le vinaigre (vinaigre au romarin, à l'estragon, au citron).

VINAIGRETTE AU CRESSON

Pour 1/4 l de sauce.
Préparation : 15 mn.
Cuisson : 2 mn.

Ingrédients :
1 botte de cresson
1 dl d'huile de noisette
5 cl de vinaigre de xérès
Sel, poivre.

Mettre une casserole d'eau à bouillir. Saler.

A ébullition, ajouter le cresson équeuté et lavé. Le cuire 2 minutes puis le mixer.

Récupérer 50 g de purée de cresson. Ajouter le vinaigre, l'huile, le sel et le poivre. Mélanger.

VINAIGRETTE DE TOMATE

Pour 1/2 l de sauce.
Préparation : 15 mn.

Ingrédients :
500 g de tomates émondées
épépinées
1/2 dl d'huile d'olive
0,35 cl de vinaigre de xérès
1/2 dl de vin blanc tiédi
1 feuille de gélatine
10 g de sel
5 g de poivre.

Mettre la feuille de gélatine à tremper dans de l'eau froide. L'égoutter et la faire fondre 5 secondes au micro-ondes ou au bain-marie.

Réunir tous les éléments dans le bol d'un mixer électrique et mettre en route.

Passer au chinois et mettre en bouteille.

VINAIGRETTE AU YAOURT

Pour 2 dl de sauce.
Préparation : 10 mn.

Ingrédients :
1 yaourt
1/2 cuil. à soupe de moutarde Savora
5 cuil. à soupe d'huile d'olive
1 cuil. à soupe de fines herbes
hachées (persil-cerfeuil-ciboulette)
Sel, poivre
Le zeste d'1 citron râpé.

Mélanger tous les ingrédients.

VINAIGRETTE AU JUS DE LEGUME

✖⚭

Pour 1/4 l de liquide.
Préparation : 10 mn.

Ingrédients :
1 dl de jus de légume
5 cl de vinaigre de fruits
1 dl d'huile d'olive
Sel, poivre.

VINAIGRETTE A L'HUILE D'OLIVE

✖◯

Pour 15 cl environ.
Préparation : 5 mn.

Ingrédients :
5 cl de vinaigre
1 pincée de sel
3 tours de moulin à poivre
1 dl d'huile d'olive.

VINAIGRETTE AU VINAIGRE DE FRAMBOISE

✖◯

Pour 3 dl environ.
Préparation : 5 mn.

Ingrédients :
20 cl d'huile
7 cl de vinaigre
1 cuil. à soupe de moutarde
Sel, poivre.

Passer le légume choisi à la centrifugeuse et prélever 1 dl de ce jus ; ajouter le vinaigre, l'assaisonnement, l'huile.

Toutes les fantaisies sont permises :
- jus de carotte, tomate, concombre, céleri, etc.
- vinaigre de framboise, de citron, d'orange, etc.
- huile d'holive, d'arachide ou de noisette, etc.
A vous de trouver le mélange le plus subtil.

Dissoudre le sel dans le vinaigre puis ajouter le poivre et l'huile.

Pour une vinaigrette moutardée, ajouter une cuillerée à soupe de moutarde. On peut aussi ajouter un demi-oignon haché très fin, une gousse d'ail hachée, une cuillerée à soupe de fines herbes hachées (persil, cerfeuil, ciboulette).

Verser le vinaigre dans une calotte. Y ajouter l'assaisonnement, le sel et le poivre. Ajouter ensuite la moutarde.

Mélanger le tout à l'aide d'un fouet. Ajouter progressivement l'huile.

Vérifier l'assaisonnement.

DRESSING

Pour 3/4 l de liquide.
Préparation : 15 mn.

Ingrédients :
1/4 l de bouillon de bœuf (en tablette)
1 cuil. à soupe de moutarde
2 dl de vinaigre
Sel, poivre
1/3 l d'huile
2 cuil. à soupe de fines herbes hachées (persil, ciboulette, estragon...).

Mixer tous les ingrédients.

DRESSING DES GOURMETS

Pour 1/3 l de liquide.
Préparation : 10 mn.

Ingrédients :
1/4 l de bouillon de bœuf
1 oignon haché
1/8ᵉ l de vinaigre
1 cuil. à soupe de moutarde à l'ancienne
Sel, poivre
1 œuf.

Réunir tous les ingrédients dans le bol du mixer, tourner à grande vitesse.

SAUCE A L'AVOCAT

Pour 1/2 l de liquide.
Préparation : 5 mn.

Ingrédients :
2 avocats
3 citrons
Sel, poivre.

Mélanger le tout au mixer et utiliser de suite ou débarrasser dans un récipient.

SAUCE INDIENNE

Pour 1 dl de liquide.
Préparation : 5 mn.

Ingrédients :
2 cuil. à soupe de crème
2 cuil. à soupe d'huile
Une pincée de curry en poudre
Une pincée de cumin en poudre.

Mélanger l'ensemble.

SAUCE RAVIGOTE

Pour 2 dl de liquide.
Préparation : 10 mn.

Ingrédients :
15 cl de vinaigrette (p. 14)
1/2 oignon haché
1 cuil. à soupe de câpres hachées
1 cuil. à soupe de fines herbes hachées (persil, cerfeuil, ciboulette).

Mélanger tous les ingrédients.

SAUCE A SALADE

Pour 1/4 l de sauce.
Préparation : 10 mn.

Ingrédients :
2 dl d'huile
3 cl de vinaigre
1 cuil. à café de moutarde
2 jaunes d'œufs
Le jus d'1 citron
7 cl de bouillon de bœuf (en tablette ou frais)
Sel, poivre
Worcestershire sauce.

Préparer une sauce mayonnaise avec la moutarde, l'huile, les jaunes d'œufs, le sel et le poivre. La diluer avec le vinaigre, le jus de citron, la Worcestershire sauce et le bouillon chaud.
Rectifier l'assaisonnement.

SAUCE MAYONNAISE

Pour 1/4 l de sauce.
Préparation : 10 mn.

Ingrédients :
1 jaune d'œuf
1/2 cuil. à soupe de moutarde
Sel, poivre
2 dl d'huile
1 cuil. à soupe de vinaigre.

Mettre la moutarde et le jaune d'œuf dans un saladier.
Assaisonner et ajouter l'huile en filet en remuant. Ajouter le vinaigre à la fin.

SAUCE SALADE AU FROMAGE BLANC

Pour 1/2 l de sauce.
Préparation : 10 mn.

Ingrédients :
1/4 l de crème
250 g de fromage blanc
Le jus de 2 citrons
1 cuil. à soupe de moutarde
Sel, poivre
2 cuil. à soupe de persil et de ciboulette hachés.

Mélanger tous les ingrédients dans le bol du mixer et faire tourner à grande vitesse.

SAUCE COCKTAIL

Pour 4 dl de sauce.
Préparation : 10 mn.

Ingrédients :
1/4 l de mayonnaise
1 cuil. à soupe de ketchup
1 cuil. à café de cognac
1 dl de crème fouettée
Sel, poivre de Cayenne.

Mélanger la crème battue avec tous les ingrédients.

FAUSSE MAYONNAISE

Pour 1 dl de sauce.
Préparation : 10 mn.

Ingrédients :
1 jaune d'œuf
1 cuil. à soupe de moutarde
50 g de fromage blanc
Le jus d'1/2 citron
Sel, poivre.

Battre le jaune d'œuf avec la moutarde, le sel et le poivre. Ajouter le reste des ingrédients.

SAUCE AU FROMAGE BLANC

Pour 1/4 l de sauce.
Préparation : 5 mn.

Ingrédients :
200 g de fromage blanc à 0% de matières grasses
2 cuil. à soupe de moutarde
Sel, poivre
1 pincée de persil et de ciboulette hachés.

Mélanger le tout.

SAUCE SALADE AUX ANCHOIS

Pour 1/4 l de sauce.
Préparation : 5 mn.

Ingrédients :
4 anchois
Le jus d'1/2 citron
2 dl d'huile d'olive
Quelques tours de moulin à poivre.

Mixer le tout à grande vitesse.

SAUCE SALADE AU JUS DE PAMPLEMOUSSE

Pour 3 dl de sauce.
Préparation : 10 mn.

Ingrédients :
2 dl de crème épaisse
1 cuil. à soupe de ketchup
1 cl de cognac
Le jus d'1/2 pamplemousse
Sel, poivre.

Mélanger tous les ingrédients.

SAUCE SALADE AU ROQUEFORT

Pour 1/2 l de sauce.
Préparation : 15 mn.

Ingrédients :
50 g de roquefort
3 dl d'huile
1/2 dl de vinaigre d'alcool
Quelques gouttes de Worcestershire sauce (facultatif).

Mixer tous les ingrédients. Rectifier l'assaisonnement.

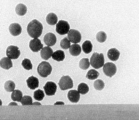

SAUCE ANCHOIS

Pour 2 dl de sauce.
Préparation : 15 mn.

Ingrédients :
4 filets d'anchois au sel
1 cuil. à café de moutarde
Le jus d'1/2 citron
1 yaourt
1 gousse d'ail
Poivre.

Laver les filets d'anchois. Les hacher avec l'ail.
Ajouter le jus de citron, la moutarde, le poivre et le yaourt.

SAUCE PAMPLEMOUSSE

Pour 2 dl de sauce.
Préparation : 15 mn.

Ingrédients :
1/2 pamplemousse
1 cuil. à soupe de yaourt nature
2 cl d'eau
Sel, poivre
1 œuf cuit dur et haché

Eplucher le pamplemousse à vif. Le mixer et le passer au chinois.
Ajouter le restant des ingrédients et mélanger.

SALADES

SALADE D'AVOCATS

SALADE DE CHOUCROUTE

6 personnes.

Préparation : 10 mn.

Ingrédients :
2 avocats
1 pamplemousse
1 petit ananas
6 crevettes bouquet
18 crevettes décortiquées
1 romaine.

Sauce :
5 cuil. d'huile d'olive
Sel, poivre
3 cuil. à soupe de jus de pamplemousse.

6 personnes.

Préparation : 20 mn.

Ingrédients :
600 g de choucroute
250 g de chou rouge
100 g de carottes
100 g de céleri
100 g de courgette
250 g de salade frisée
1 oignon
2 brins de persil
15 cl de vinaigrette (p. 14)
Sel, poivre.

Disposer les feuilles de romaine dans un saladier. Ajouter les quartiers de pamplemousse pelés à vif, l'ananas coupé en dés, les queues de crevettes.

Faire macérer les avocats en dés dans le jus de pamplemousse, égoutter, ajouter à la salade.

Préparer la sauce. La répartir sur la salade. Garnir avec les bouquets.

Rincer soigneusement la choucroute. Bien l'égoutter.

Eplucher les carottes, le céleri et la courgette. Les râper ainsi que le chou.

Emincer finement l'oignon. Hacher le persil. Laver et égoutter la salade.

Mélanger tous les ingrédients assaisonnés avec la vinaigrette dans un saladier et servir rapidement.

CHOU CHINOIS AUX FRUITS

4 personnes.

Préparation : 15 mn.

Ingrédients :
1/2 chou chinois (350 g)
1 pomme verte
1/2 melon
2 tranches de jambon cru
Quelques cerneaux de noix
1/2 banane
1 tranche d'ananas
Une pincée de ciboulette hachée.

Pour la sauce :
1 cuil. à soupe de sauce soja
Le jus d'1/2 citron
Une pincée de sucre
Sel, poivre
Une pincée de gingembre en poudre
3 cuil. à soupe d'huile.

Laver les feuilles de chou, les émincer, les mettre dans un saladier et ajouter les noix, la chair du melon taillée en cubes, les tranches de jambon taillées en fines lamelles, des rondelles de banane, la pomme taillée en cubes, des lamelles d'ananas.

Confectionner la sauce en mélangeant tous les ingrédients, verser l'huile en dernier. Assaisonner la salade, remuer, saupoudrer de ciboulette.

SALADE DE CROSNES

4 personnes.

Préparation : 15 mn.
Cuisson : 5 à 8 mn.

Ingrédients :
150 g de crosnes
2 tranches de jambon cru
1 blanc de poulet cuit
100 g de céleri-rave
1 cuil. à soupe de noisettes hachées
2 œufs durs
Sauce mayonnaise (p. 18)
Pluches de cerfeuil.

Débarrasser les crosnes de leurs radicelles, les laver, les mettre dans une casserole d'eau bouillante salée et les cuire 5 à 8 minutes selon leur grosseur. Les égoutter et les laisser refroidir.

Tailler le blanc de poulet en bâtonnets ainsi que les tranches de jambon et le céleri-rave épluché.

Couper les œufs en tranches.

Mélanger les crosnes, le jambon, le céleri, le poulet, les œufs, les noisettes, la mayonnaise. Dresser sur assiettes et saupoudrer de pluches de cerfeuil.

SALADE DE FONDS D'ARTICHAUT

4 personnes.

Préparation : 20 mn.
Cuisson : 5 mn.

Ingrédients :
8 fonds d'artichaut cuits (en
boîte, frais ou surgelés)
60 g d'amandes entières
émondées
60 g de noisettes
600 g de pousses d'épinards
Vinaigrette (p. 14)
3 tomates
40 g de beurre.

Emincer les fonds d'artichaut. Les faire sauter au beurre avec les amandes et les noisettes pour dorer légèrement l'ensemble.

Nettoyer, laver et égoutter les pousses d'épinards. Les assaisonner et les disposer sur les assiettes. Ajouter l'émincé de fonds d'artichaut.

Emonder les tomates, les couper en deux, les presser entre les mains pour en extraire les pépins. Tailler la chair en petits dés et les ajouter sur la salade.

Servir aussitôt.

SALADE TIEDE AUX ESCARGOTS ET AUX CHAMPIGNONS

Laver, nettoyer et égoutter la salade. L'assaisonner et la disposer sur des assiettes individuelles.

Dans une poêle chaude, mettre le beurre d'escargots, les escargots, les lardons et les champignons lavés et émincés finement.

Faire revenir l'ensemble quelques minutes puis répartir la préparation sur la salade. Entourer de quartiers de tomate et saupoudrer de persil haché.

✗ ◯◯

4 personnes.

Préparation : 20 mn.
Cuisson : 5 mn.

Ingrédients :
4 douzaines d'escargots sans la coquille
100 g de beurre d'escargots
200 g de salade mélangée
80 g de lardons de poitrine fumée
2 tomates
Sauce à salade (p. 18)
1 cuil. à soupe de persil haché
4 champignons de Paris.

SALADE DE CHAMPIGNONS

✕ ◯◯◯

6 personnes.

Préparation : 45 mn.
Cuisson : 20 mn.

Ingrédients :
*600 g de champignons
mélangés (pleurotes - trompettes
de la mort - rosés des prés -
girolles - chanterelles)
1 gros oignon haché fin
Quelques brins de ciboulette
2 gousses d'ail hachées
80 g de beurre
Sel, poivre du moulin
1 frisée
2 tomates
Vinaigrette (p. 14).*

Nettoyer et laver soigneusement les champignons. Tailler les plus gros en quartiers, les laver plusieurs fois à grande eau et les égoutter. Les faire sauter dans une poêle, au beurre, avec l'oignon et l'ail hachés.

En fin de cuisson, ajouter deux cuillerées à soupe de ciboulette ciselée.

Mettre les champignons dans un saladier pour les assaisonner de vinaigrette.

Les disposer sur les assiettes, sur un lit de salade.

Entourer de quelques quartiers de tomate.

SALADE TIEDE DE PLEUROTES

X OO

4 personnes.

Préparation : 20 mn.
Cuisson : 15 mn.

Ingrédients :
650 g de pleurotes
1/2 feuille de chêne
1/2 lolo-rosa
40 g de beurre
1 gousse d'ail
Quelques brins de ciboulette
Vinaigrette (p. 14).

Nettoyer et laver les pleurotes. Les émincer si elles sont grosses.

Mettre le beurre dans une poêle chaude et y faire rissoler les champignons. Ajouter l'ail haché et un peu de ciboulette ciselée.

Nettoyer et laver les salades. Les égoutter, les assaisonner avec la vinaigrette.

Les répartir sur les assiettes. Y répartir les champignons puis les arroser d'un peu de vinaigrette.

Saupoudrer de ciboulette hachée.

CHOU ROUGE AUX MARRONS

6 personnes.

Préparation : 10 mn.
Repos : 6 h.

Ingrédients :
1/2 chou rouge
Vinaigrette (p. 14)
200 g de marrons cuits au
naturel
Persil haché
1 oignon haché.

Tailler le chou rouge en fine julienne. Ajouter l'oignon haché très fin et assaisonner.

Mettre 6 heures au frais avant de servir.

Au moment de servir, ajouter les marrons. Mélanger. Dresser dans un saladier et saupoudrer de persil haché.

SALADE DE PISSENLIT BERGERE

4 personnes.

Préparation : 15 mn.
Cuisson : 5 mn.

Ingrédients :
200 g de pissenlit nettoyé
4 tranches de lard fumé
2 tomates
120 g de moelle de bœuf (ou 4
os à moelle)
Vinaigrette (p. 14)
2 œufs cuits durs
Persil ou cerfeuil.

Assaisonner le pissenlit nettoyé, lavé et égoutté avec la vinaigrette. Le disposer au milieu des assiettes.

Tailler le lard en petits cubes et les faire rissoler à sec dans la poêle. Les répartir sur la salade.

Pocher la moelle de bœuf à grande eau salée puis l'égoutter et la répartir sur les salades.

Saupoudrer de persil haché ou de pluches de cerfeuil.

Entourer de quartiers de tomate et de quartiers d'œuf dur.

SALADE DE PISSENLIT

SALADIER LYONNAIS

4 personnes.

Préparation : 25 mn.
Cuisson : 10 mn.

Ingrédients :
500 g de pissenlit
200 g de lard fumé
1 dl de vinaigre
4 œufs durs
2 oignons nouveaux
2 tomates
4 tranches de pain rassis
Vinaigrette (p. 14).

6 personnes.

Préparation : 15 mn.
Cuisson : 10 mn.

Ingrédients :
2 foies de volaille
1 pied de mouton
3 œufs durs
3 filets de hareng
Persil
Ciboulette
350 g de pissenlit
Vinaigrette (p. 14).

Laver et égoutter le pissenlit.

Détailler le lard en lardons. Les faire griller. Les égoutter. Faire de même avec le pain coupé en petits cubes.

Dresser le pissenlit, napper de vinaigrette, parsemer d'oignons émincés.

Décorer avec les quartiers de tomates et d'œufs.

Déglacer la poêle avec le restant de vinaigre. Ajouter les lardons et les croûtons sur la salade. Verser le vinaigre tiède. Servir aussitôt.

Poêler les foies de volaille. Les écraser avec une fourchette.

Couper en petits dés le pied de mouton préalablement cuit. Les mélanger avec la vinaigrette, en assaisonner les pissenlits nettoyés.

Disposer les œufs durs coupés par moitié et les filets de harengs en gros carrés. Parsemer d'herbes hachées.

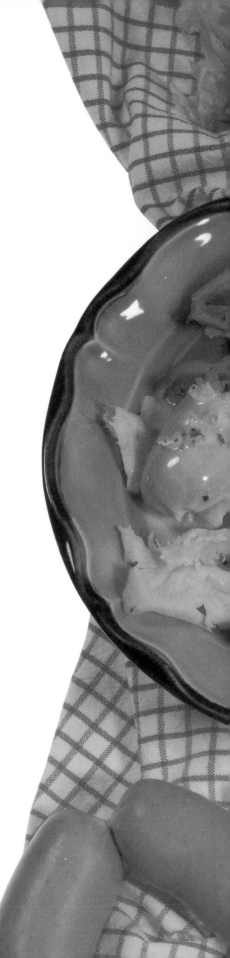

SALADE DE CERVELAS

✕○

6 personnes.

Préparation : 20 mn.

Ingrédients :
6 cervelas
3 œufs durs
2 tomates
Scarole
2 belles échalotes
1 dl de vinaigrette (p. 14)
Sel, poivre
Cerfeuil et persil.

Disposer la salade lavée et égouttée sur le plat. Ranger les cervelas épluchés, coupés en 2 et incisés en diagonale sur la partie bombée, les tomates coupées en 6 et les moitiés d'œufs durs.

Saupoudrer de persil, de cerfeuil et d'échalotes hachés.

Assaisonner et répartir la vinaigrette sur la salade.

SALADE DE POMMES DE TERRE

✕○

6 personnes.

Préparation : 20 mn.
Cuisson : 20 mn.

Ingrédients :
1 kg de pommes de terre
100 g d'oignons
100 g de lard fumé
1 cuil. à soupe de moutarde
3 cuil. à soupe d'huile
3 cuil. à soupe de vinaigre
1 cuil. à soupe de persil haché
5 cl de bouillon
5 cl de vin blanc
Sel, poivre.

Cuire les pommes de terre non épluchées à l'eau bouillante salée. Les éplucher lorsqu'elles sont encore chaudes. Les couper en rondelles dans un saladier. Arroser avec le vin et le bouillon tiède. Assaisonner. Mélanger.

Préparer la vinaigrette avec la moutarde, le vinaigre et l'huile. L'ajouter aux pommes de terre ainsi que le persil, l'oignon haché et le lard coupé en morceaux.

Servir rapidement.

SALADE DE RIZ

✕○

6 personnes.

Préparation : 20 mn.
Cuisson : 15 mn.
Repos : 1 h 15 mn.

Ingrédients :
300 g de riz
300 g de champignons à la grecque (p. 105)
3 harengs saurs
1 verre de lait
1 dl d'huile
1 cuil. à café de moutarde
1 cuil. de vinaigre
Sel, poivre
1 cœur de laitue.

Fendre les harengs, enlever l'arête et lever les filets. Les mettre dans un plat et les couvrir de lait pendant 15 minutes. Les égoutter.

Mélanger la moutarde, l'huile, le vinaigre. Poivrer. Mettre les harengs à mariner 1 heure dans ce mélange. Les égoutter.

Faire cuire le riz dans 3 fois son volume d'eau salée pendant 15 minutes. L'égoutter.

Mélanger le riz et les champignons. Les verser sur un plat tapissé de salade ciselée. Décorer avec les filets de hareng.

RIZ BRUN
AU THON

✗○

4 personnes.

Préparation : 1 h.
Cuisson : 20 mn.

Ingrédients :
300 g de riz brun
200 g de thon au naturel
1 tête de laitue
100 g de maïs
2 branches d'aneth
1 citron vert
5 cl de vinaigre blanc
10 cl d'huile de tournesol
16 olives noires
Sel, poivre.

Cuire le riz à l'eau bouillante salée pendant 20 minutes. Le rafraîchir et l'égoutter. Nettoyer, laver la laitue et l'égoutter.

Mélanger le jus de citron avec le vinaigre et l'huile. Saler et poivrer.

Emietter le thon et le mélanger au riz avec la vinaigrette.

Dresser dans un saladier en décorant avec les olives, le maïs, les feuilles de laitue et les branches d'aneth. Servir à température ambiante.

SALADE DES ILES

✗ ∞

4 personnes.

Préparation : 20 mn.
Repos : 12 h.

Ingrédients :
*120 g de riz sauvage (ou
ordinaire) cuit*
1/2 ananas
5 cuil. à soupe de maïs
1 poivron rouge
1 boîte de pousses de bambou
*1 sachet de 25 g de
champignons noirs parfumés
secs*
Vinaigrette de tomate (p. 15)
1 pincée d'aneth haché.

La veille de la préparation,
mettre les champignons à tremper dans de l'eau tiède. Le lendemain, les égoutter, les presser entre les mains et les émincer finement.

Tailler l'ananas en dés.

Mélanger le riz cuit avec les
pousses de bambou égouttées,
les dés d'ananas, le maïs, les
champignons et le poivron
taillé en très petits dés. Ajouter
la vinaigrette de tomate.

Dresser en saladier et saupoudrer le dessus d'aneth
haché.

SALADE DE PATES A LA MENTHE

Cuire les pâtes à grande eau salée puis les égoutter en fin de cuisson. Les rincer à l'eau chaude et bien égoutter. Assaisonner, ajouter quelques feuilles de menthe ciselées puis disposer en dôme sur assiettes.

Laver et égoutter le mesclun. L'assaisonner et le disposer autour de la salade de pâte.

Assaisonner les escalopes de poulet et les dorer à la poêle pour les cuire sur les deux faces. Les retirer en fin de cuisson. Les couper en fines tranches. Les disposer sur les salades.

Emonder les tomates. Tailler la chair en petits dés et les répartir sur les assiettes.

Servir aussitôt prêt.

4 personnes.

Préparation : 15 mn.
Cuisson : 15 mn.

Ingrédients :
250 g de tagliatelles
150 g de mesclun
Sauce à salade (p. 19)
1 bouquet de menthe
2 escalopes de poulet
Sel, poivre
Huile et beurre pour la cuisson
2 tomates.

SALADE TIEDE AUX LARDONS ET AUX CROUTONS

4 personnes.

Préparation : 10 mn.
Cuisson : 5 mn.

Ingrédients :
3 poignées de salade mélangée
200 g de lardons de poitrine
fumée
120 g de croûtons de pain
taillés en petits dés
40 g de beurre
Sauce à salade (p. 18)
1 cuil. à soupe de pérsil ou de
ciboulette hachée.

Laver la salade. L'égoutter et la disposer sur assiettes.

Chauffer la poêle. Ajouter le beurre. Lorsqu'il est fondu, ajouter les lardons. Les faire rissoler 1 minute puis ajouter les croûtons. Faire sauter l'ensemble jusqu'à ce que les croûtons soient blonds et croustillants.

Verser sur la salade. Ajouter la sauce à salade et saupoudrer de persil ou de ciboulette hachée.

Servir aussitôt.

REMARQUE

D'une grande simplicité. Succès assuré pour commencer un repas.

SALADE DE PISSENLIT AU LARD ET AUX NOIX

4 personnes.

Préparation : 20 mn.
Cuisson : 2 à 3 mn.

Ingrédients :
200 g de pissenlit
150 g de lardons de poitrine
fumée
100 g de cerneaux de noix
Vinaigrette à l'huile de noix
(p. 14)
2 cuil. à soupe de vinaigre.

Nettoyer et laver le pissenlit. Egoutter et assaisonner avec la vinaigrette. Mettre la salade dans un saladier.

Mettre les lardons à rissoler dans une poêle, sans gras, pendant 2 à 3 minutes. Déglacer ensuite la poêle avec le vinaigre. Verser sur la salade.

Ajouter les noix.

Mélanger et servir.

POIREAUX
EN SALADE

✕ ○

4 personnes.

Préparation : 15 mn.
Cuisson : 1 mn.

Ingrédients :
1 kg de blancs de poireaux
Sauce mayonnaise (p. 18)
2 œufs durs
1 cuil. à soupe de ciboulette
hachée
2 tomates pelées, épépinées et
coupées en petits dés
Le jus d'1/2 citron
4 grandes feuilles de laitue.

Laver les blancs de poireaux
et les couper en rondelles.
Les mettre dans l'eau bouillante pendant 1 minute puis les
rafraîchir. Les égoutter, les
mettre dans un saladier.
Ajouter la mayonnaise, les
dés de tomate, le jus de citron,
une pincée de ciboulette hachée
et les œufs durs hachés grossièrement.
Dresser sur des petites assiettes individuelles sur une
grande feuille de laitue. Saupoudrer de ciboulette hachée.

SALADE DE POIS MANGE-TOUT

X OO

6 personnes.

Préparation : 15 mn.
Cuisson : 20 mn.

Ingrédients :
800 g de pois mange-tout
120 g de lardons de poitrine
fumée
30 g de beurre
3 tomates
Vinaigrette (p. 14)
1 oignon haché.

Nettoyer les pois mange-tout. Retirer les deux extrémités, comme on le ferait pour des haricots verts.

Les mettre à cuire à grande eau salée. Les tenir légèrement croquants. Les rafraîchir en fin de cuisson.

Hacher l'oignon, l'ajouter aux pois.

Mettre les lardons à rissoler dans une poêle, avec le beurre. Les égoutter et les mélanger avec les pois. Assaisonner à la vinaigrette.

Emonder les tomates. Les tailler en quartiers.

Dresser la salade de pois sur des assiettes.

Entourer de quartiers de tomate et servir.

CONSEIL

Cette salade est encore meilleure servie tiède.

SALADE BELLE PRINTANIERE

4 personnes.

Préparation : 15 mn.
Cuisson : 25 mn.

Ingrédients :
200 g de mesclun
8 mini-choux-fleurs
8 mini-courgettes
4 petits blancs de poireaux
100 g de haricots verts frais
8 petites carottes
Vinaigrette (p. 14)
Quelques brins de cerfeuil
Sel.

Laver la salade, l'égoutter, l'assaisonner, la disposer sur assiettes.

Cuire séparément tous les légumes entiers à grande eau salée puis les égoutter et les disposer harmonieusement autour de la salade. Les arroser d'un peu de vinaigrette.

Saupoudrer chaque assiette avec quelques pluches de cerfeuil.

CONSEIL

Nous vous proposons également le mélange suivant : mini-pâtissons, mini-maïs, mini-artichauts, mini-pois mangetout.

SALADE BELLE PROVENÇALE

 O

4 personnes.

Préparation : 15 mn.
Cuisson : 15 mn.

Ingrédients :
4 courgettes moyennes
4 tomates
1 oignon haché
1 branche de persil
Quelques feuilles de basilic
hachées
Vinaigrette à l'huile d'olive
(p. 16)
5 cl d'huile d'olive
Sel, poivre
Thym
16 olives noires de Nice.

Laver les courgettes, les émincer pour avoir des rondelles d'un demi-centimètre d'épaisseur.

Tailler les tomates en rondelles de même épaisseur que les courgettes.

Huiler une plaque allant au four et y ranger les courgettes et les tomates en intercalant les tranches. Arroser l'ensemble d'huile d'olive. Assaisonner de sel, de poivre et de thym. Mettre à cuire au four.

Retirer en fin de cuisson. Dresser sur assiettes, arroser de vinaigrette à l'huile d'olive. Saupoudrer de persil, de basilic et d'oignon hachés.

Décorer de quelques petites olives niçoises.

SALADE NIÇOISE

✗ ⚭

4 personnes.

Préparation : 20 mn.

Ingrédients :
1 cœur de laitue
1 boîte de thon à l'huile
10 petits radis rouges
2 tomates
8 anchois au sel
Vinaigrette à l'huile d'olive
(p. 16)
12 petites olives de Nice
150 g de haricots verts extrafins
cuits
2 œufs
1 pomme de terre cuite en robe
de chambre
1 oignon.

CONSEIL

On pourra ajouter un peu de basilic haché.

A servir de préférence dans un saladier en bois d'olivier.

Répartir les ingrédients dans l'ordre cité dans la recette.

Laver la laitue, l'égoutter, la poser dans le fond d'un saladier.

Ajouter la pomme de terre cuite, épluchée et taillée en rondelles, l'oignon haché, les radis nettoyés et taillés en rondelles, les haricots verts, des rondelles ou quartiers de tomate, le thon émietté, des rondelles d'œuf dur et les anchois.

Arroser de vinaigrette.

Ajouter les olives et servir.

SALADE MARAICHERE

✂ ◯◯

4 personnes.

Préparation : 20 mn.

Ingrédients :
4 tomates pelées et épépinées
16 pointes d'asperges cuites
3 carottes entières cuites
80 g de petits pois cuits
100 g de jambon blanc
Sauce mayonnaise (p. 18)
2 œufs durs
1 petit bouquet de persil
100 g de haricots verts
extrafins cuits
2 navets entiers cuits
2 petites pommes de terre cuites
avec la peau.

Tailler les carottes et les navets en dés de même grandeur. Tailler les haricots verts en tronçons et les pommes de terre en dés.

Mélanger tous ces légumes. Y ajouter le jambon taillé en dés, les petits pois, les dés de tomate et la mayonnaise. Mélanger.

Dresser sur un plat ou sur assiettes.

Décorer le dessus avec les pointes d'asperges, les œufs coupés en 2 et de petits bouquets de persil.

VARIANTE

Peut aussi s'accompagner de sauce mayonnaise dans laquelle on aura incorporé un peu de curry.

CONSEIL

Il est important de cuire les légumes séparément, le temps de cuisson n'étant pas le même pour tous les légumes.

SALADE CUITE

✕✕ ○

4 personnes.

Préparation : 10 mn.
Cuisson : 15 mn.

Ingrédients :
200 g de carottes
200 g de courgettes
200 g de céleri
200 g de brocolis
Sauce à salade (p. 18)
1 cuil. à soupe de cerneaux de
noix
1 pincée de ciboulette hachée.

Tailler les légumes en bâtonnets et les cuire séparément à l'eau bouillante salée ou à la vapeur.

Après refroidissement, disposer harmonieusement les légumes sur le plat ou sur l'assiette de présentation.

Ajouter la sauce salade. Saupoudrer le dessus de ciboulette. Ajouter les cerneaux de noix et servir.

CONSEIL

Un régal pour les yeux si l'on prend le soin de faire se chevaucher les couleurs.

TABOULE

XX O

6 personnes.

Préparation : 25 mn.
Repos : 2 h.

Ingrédients :
500 g de semoule à couscous
2 citrons
6 tomates bien mûres
1 bouquet de persil
1 bouquet de basilic
2 poivrons
15 cl d'huile d'olive
Sel, poivre
Quelques olives pour garnir
1 bouquet de menthe.

Presser les citrons.

Emonder les tomates, les épépiner et les tailler en petits dés.

Hacher le basilic et le persil. Couper les poivrons épépinés en petits dés. Ajouter l'huile, saler, poivrer.

Rassembler tous les éléments dans un grand saladier. Remuer et travailler avec une fourchette.

Mettre 2 heures au frais en égrainant régulièrement.

Pour servir, décorer d'olives et de feuilles de menthe.

REMARQUE

Ceci est une des innombrables recettes de taboulé. On peut ajouter des concombres, du poivron, du jambon, selon ses goûts et son imagination.

SALADE MEXICAINE

✗ ○

4 personnes.

Préparation : 15 mn.

Ingrédients :
200 g de haricots rouges cuits
1 petite boîte de maïs
1/2 poivron vert
1/2 poivron rouge
1 oignon
1 gousse d'ail
Dressing exotique (recette p. 14)
4 tomates émondées, épépinées
et taillées en dés
12 olives noires
1 pincée de persil haché.

Mélanger les haricots rouges avec le maïs. Ajouter les poivrons taillés en lamelles très fines, l'oignon et l'ail hachés.

Assaisonner de dressing exotique.

Mettre dans un saladier. Ajouter les dés de tomate.

Décorer avec des olives noires et saupoudrer l'ensemble de persil haché.

SALADE CALIFORNIENNE

4 personnes.

Préparation : 25 mn.

Ingrédients :
1 laitue
1 petit céleri-rave ou la moitié
d'un gros (350 g environ)
1 banane
1 pamplemousse
1/2 ananas frais
Le jus d'1/2 citron
2 tomates
Sauce mayonnaise (p. 18)
1 petit bouquet de persil.

Laver les feuilles de salade. Les égoutter.

Eplucher et râper le céleri. Ajouter le jus de citron et mélanger.

Tailler la banane en rondelles.

Eplucher le pamplemousse à vif et tailler des filets.

Incorporer un peu de jus de pamplemousse à la mayonnaise.

Tailler les tomates en quartiers et la salade en chiffonnade. Disposer un peu de chiffonnade de laitue sur chaque assiette.

Mélanger le céleri et la mayonnaise pour le lier. Le disposer sur les assiettes. Entourer de filets de pamplemousse, de rondelles de banane, de dés d'ananas et de quartiers de tomate.

Décorer de quelques brins de persil.

Rouler quelques feuilles de laitue lavées et égouttées.

Les couper finement. La chiffonnade ne doit pas attendre trop longtemps.

SALADE D'ASIE

SALADE ORIENTALE

4 personnes.

Préparation : 20 mn.

Ingrédients :
150 g de germes de soja
1/2 concombre
100 g de chou chinois
100 g de chou rouge.

Assaisonnement :
2 cuil. à soupe de vinaigre
1 cuil. à soupe d'huile de
tournesol
1 cuil. à soupe de sauce de soja
Sel, poivre.

Bien laver et égoutter les légumes.

Couper le chou rouge et le chou chinois en fines lamelles.

Couper des bâtonnets de concombre non pelé.

Mettre tous les ingrédients dans un saladier. Les arroser avec l'assaisonnement, bien mélanger et servir.

4 personnes.

Préparation : 15 mn.

Ingrédients :
2 pommes acides
100 g de radis
4 cuil. à soupe de jus de citron
10 g d'amandes effilées
1 yaourt nature
Curry
Sel, poivre
Cresson.

Bien nettoyer et laver le cresson. L'égoutter avec soin.

Nettoyer les radis et les couper en rondelles.

Eplucher les pommes, leur enlever les pépins puis les couper en fines lamelles. Les arroser de jus de citron pour éviter qu'elles ne noircissent.

Dans un récipient, mélanger le yaourt, le sel et le poivre et le curry, jusqu'à obtention d'un mélange onctueux.

Mélanger tous les ingrédients dans un saladier en ajoutant les amandes effilées.

Cette salade se sert très fraîche.

SALADE JAPONAISE

X OOO

4 personnes.

Préparation : 25 mn.

Ingrédients :
2 queues de langouste cuites
1 laitue
400 g de soja frais blanchi puis
égoutté
15 cl de mayonnaise (p. 18)
2 cuil. à soupe de ketchup
Tabasco
1 cuil. à soupe de cognac
2 œufs durs
Pluches de cerfeuil.

Décortiquer les queues de langouste. Les tailler en médaillons.

Laver les feuilles de laitue, les ciseler. Les répartir dans les assiettes. Ajouter le soja et les médaillons de langouste.

Mélanger la fausse mayonnaise avec le ketchup, le cognac et 1 trait de tabasco. Napper les médaillons de cette préparation. Saupoudrer de pluches de cerfeuil et d'œufs durs hachés.

Servir bien frais.

CONSEIL

On peut remplacer les queues de langouste par des queues de gambas décortiquées.

SALADE FARIGOULE

4 personnes.

Préparation : 20 mn.

Ingrédients :
1 petit céleri-rave
2 pommes vertes
1/2 petit ananas
200 g de romaine
Vinaigrette (p. 14)
Feuilles de menthe
Le jus d'1 citron.

Eplucher le céleri, le râper, ajouter le jus de citron.

Eplucher les pommes, les épépiner et tailler la chair en petits dés, les ajouter au céleri.

Eplucher l'ananas, tailler la chair en dés, les ajouter au céleri.

Laver les feuilles de romaine, les égoutter, les tailler en chiffonnade.

Mélanger la vinaigrette et les feuilles de menthe hachées.

Dresser sur assiette la salade de céleri aux pommes et à l'ananas, assaisonner de vinaigrette et entourer de chiffonnade de feuilles de romaine.

SALADE FRAICHEUR

4 personnes.

Préparation : 20 mn.

Ingrédients :
200 g de salade composée
(laitue, feuille de chêne, frisée)
1 orange
1 pamplemousse
Sauce salade au pamplemousse
(p. 19).

Laver et égoutter les salades.

Prélever le zeste de l'orange et le tailler en brunoise (tout petits dés). Les ajouter à la sauce salade au jus de pamplemousse.

Tailler l'orange épluchée à vif en filets. Eplucher le pamplemousse à vif et le tailler en filets.

Mélanger les fruits à la salade, assaisonner de vinaigrette.

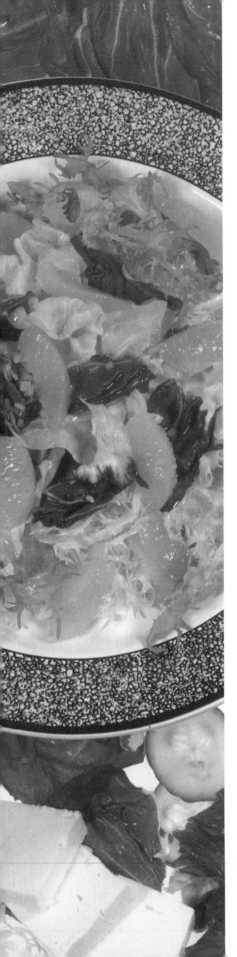

SALADE GRECQUE

✗⚭

5 personnes.

Préparation : 10 mn.

Ingrédients :
5 belles tomates
1 concombre
1 poignée d'olives noires
200 g de féta
Vinaigrette à l'huile d'olive
(p. 16).

Couper les tomates en quartiers.

Couper le concombre en rondelles après avoir enlevé les graines. L'ajouter aux tomates. Assaisonner, garnir d'olives noires et de gros morceaux de fromage.

TSATSIKI

✗○

4 personnes.

Préparation : 10 mn.

Ingrédients :
1 concombre
1/2 l de yaourt au lait entier
125 g de crème fraîche
2 cuil. à soupe d'huile d'olive
1 cuil. à soupe de jus de citron
1 gousse d'ail
Sel, poivre
Quelques feuilles de menthe.

Râper le concombre, le laisser égoutter.

Fouetter vigoureusement le yaourt et la crème fraîche, incorporer l'huile, le jus de citron, l'ail pressé, sel, poivre. Ciseler quelques feuilles de menthe. Ajouter le concombre bien égoutté.

Servir très frais.

ANANAS FARCI

✗✗ ⊙⊙

4 personnes.

Préparation : 30 mn.
Cuisson : 5 mn.

Ingrédients :
1 ananas
8 gambas
Sauce cocktail (p. 18)
1 citron vert
1 cœur de laitue
1 carotte
Quelques feuilles de basilic.

Couper l'ananas en deux. Retirer la chair, la tailler en cubes.

Mettre les gambas à cuire 5 minutes à la vapeur puis les retirer et les décortiquer. Couper les queues en deux dans la longueur et les mélanger aux dés d'ananas.

Ajouter quelques feuilles de basilic hachées, le cœur de laitue lavé, égoutté et coupé en chiffonnade, la sauce cocktail et un filet de jus de citron.

Remettre la préparation dans une moitié d'ananas.

Décorer le dessus de quelques billes de carotte façonnées à la cuillère à pommes perles.

AVOCATS FARCIS

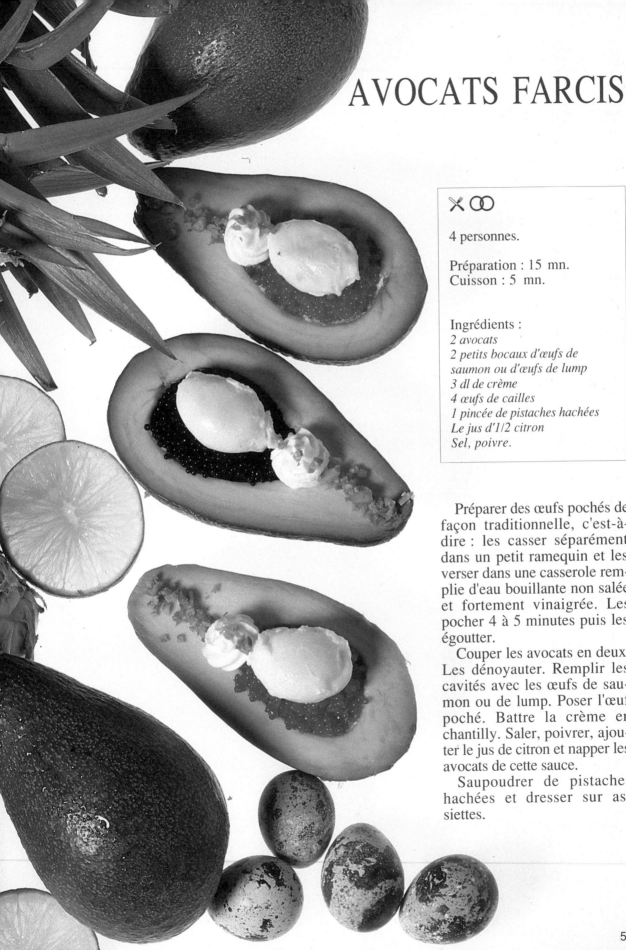

✗ ⚭

4 personnes.

Préparation : 15 mn.
Cuisson : 5 mn.

Ingrédients :
2 avocats
2 petits bocaux d'œufs de
saumon ou d'œufs de lump
3 dl de crème
4 œufs de cailles
1 pincée de pistaches hachées
Le jus d'1/2 citron
Sel, poivre.

Préparer des œufs pochés de façon traditionnelle, c'est-à-dire : les casser séparément dans un petit ramequin et les verser dans une casserole remplie d'eau bouillante non salée et fortement vinaigrée. Les pocher 4 à 5 minutes puis les égoutter.

Couper les avocats en deux. Les dénoyauter. Remplir les cavités avec les œufs de saumon ou de lump. Poser l'œuf poché. Battre la crème en chantilly. Saler, poivrer, ajouter le jus de citron et napper les avocats de cette sauce.

Saupoudrer de pistaches hachées et dresser sur assiettes.

SALADE DE CRABE A L'AMERICAINE

6 personnes.

Préparation : 30 mn.
Cuisson : 15 mn.

Ingrédients :
1 gros tourteau
Quelques morceaux d'ananas
Quelques branches de céleri
Sel.

Sauce :
Mayonnaise (p. 18)
1 cuil. à café de jus de citron
1 cuil. à café de vin blanc
1 cuil. à café d'alcool de
genièvre
Un soupçon de Worcestershire
sauce
1 œuf dur haché
1 cuil. à soupe de céleri haché
Sel de céleri
2 cuil. à café de câpres
Ciboulette ciselée
Poivre de Cayenne.

Plonger le tourteau dans une casserole d'eau froide très salée. Porter à ébullition, laisser cuire à l'eau bouillante salée, 10 minutes par kilo. Laisser refroidir dans l'eau de cuisson.

Donner un coup de couteau entre le coffre et la carapace. Egoutter.

Décortiquer le crabe ; s'il s'agit d'une femelle, incorporer les œufs dans la moitié de la mayonnaise. Ajouter les autres ingrédients. Dresser les mayonnaises dans deux bols.

Assaisonner la chair avec un peu de mayonnaise simple. La disposer sur les branches de céleri dans des coupes. Garnir de morceaux d'ananas.

Servir très froid.

AVOCATS AU CRABE

6 personnes.

Préparation : 30 mn.

Ingrédients :
3 avocats
1 citron
1 pamplemousse
1 boîte de crabe
1 petite boîte de maïs
1 bol de mayonnaise (p. 18)
Ciboulette
Persil
Paprika
12 crevettes
Oeufs de lump.

Egoutter le crabe et le maïs.

Peler à vif les tranches de pamplemousse.

Mélanger le tout avec la ciboulette, le persil, le paprika, la mayonnaise.

Couper les avocats en 2. Les citronner et les garnir avec la préparation.

Décorer d'œufs de lump et de crevettes.

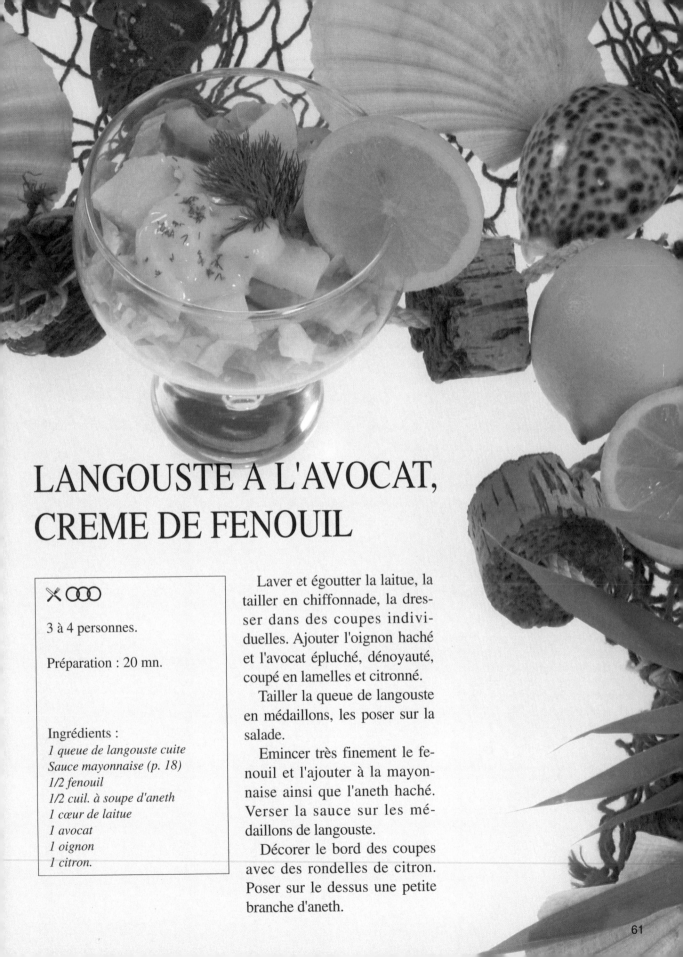

LANGOUSTE A L'AVOCAT, CREME DE FENOUIL

�֎ ⬭⬭⬭

3 à 4 personnes.

Préparation : 20 mn.

Ingrédients :
1 queue de langouste cuite
Sauce mayonnaise (p. 18)
1/2 fenouil
1/2 cuil. à soupe d'aneth
1 cœur de laitue
1 avocat
1 oignon
1 citron.

Laver et égoutter la laitue, la tailler en chiffonnade, la dresser dans des coupes individuelles. Ajouter l'oignon haché et l'avocat épluché, dénoyauté, coupé en lamelles et citronné.

Tailler la queue de langouste en médaillons, les poser sur la salade.

Emincer très finement le fenouil et l'ajouter à la mayonnaise ainsi que l'aneth haché. Verser la sauce sur les médaillons de langouste.

Décorer le bord des coupes avec des rondelles de citron. Poser sur le dessus une petite branche d'aneth.

SALADE DE MOULES

✗ ○

4 personnes.

Préparation : 20 mn.
Cuisson : 15 mn.

Ingrédients :
1,5 kg de moules
2 dl de vin blanc sec
Sel, poivre
2 échalotes
4 gros champignons de Paris
30 g de beurre
1 poivron rouge
1 cœur de scarole
Sauce salade aux anchois (p. 19)
Quelques feuilles de trévise
Ciboulette ou basilic hachés
1 branche d'aneth.

CONSEIL

Ne jetez pas le jus de cuisson des moules. Il servira ultérieurement pour y pocher un filet de poisson au four ou pour en faire une sauce poisson.

On peut utiliser de la sauce cocktail (p. 8) pour assaisonner les moules.

Laver et gratter les moules. Les mettre dans une casserole avec le vin blanc, quelques grains de poivre et les échalotes hachées. Les faire ouvrir à feu vif à couvert puis les décoquiller.

Laver les champignons. Les émincer, les faire sauter à la poêle au beurre pour les cuire. Les réserver.

Epépiner le poivron, l'émincer en fines lamelles et les faire sauter à la poêle pour les cuire légèrement. Réserver.

Laver la scarole et la trévise. Les égoutter. Les assaisonner séparément.

Dresser quelques feuilles de scarole au milieu des assiettes. Entourer de feuilles de trévise. Décorer la salade avec les moules, les champignons et les lamelles de poivron.

Décorer de quelques pluches d'aneth. Saupoudrer de basilic ou de ciboulette hachés.

SALADE OCEANE

✗✗ ∞

4 personnes.

Préparation : 20 mn.
Cuisson : 20 mn.

Ingrédients :
1 frisée
1 feuille de chêne
12 amandes
12 pinces d'Alaska
250 g de moules d'Espagne
250 g de coques
2 dl de vin blanc
Sauce à salade (p. 18)
1 carotte
1 cuil. à soupe de ciboulette hachée.

Nettoyer, laver et égoutter la salade frisée et la feuille de chêne. Les mélanger.

Laver et gratter les coquillages.

Mettre les moules à cuire à couvert avec le vin blanc. Les décoquiller en fin de cuisson. Refaire la même opération pour les amandes puis pour les coques avec la cuisson précédente et à couvert. Tenir tous ces coquillages mélangés au chaud dans un peu de jus de cuisson.

Tailler la carotte en fine brunoise (tout petits dés).

Assaisonner la salade, la disposer en dôme sur assiettes individuelles.

Ajouter les coquillages et la brunoise de carotte.

Saupoudrer le dessus de ciboulette hachée.

SALADE DU CAP

4 personnes.

Préparation : 15 mn.
Cuisson : 15 mn.

Ingrédients :
4 langoustines
4 gambas
4 filets de sole
4 tranches de saumon
8 noix de Saint-Jacques
Sel, poivre
Thym
1 branche d'aneth.

Coulis :
1 concombre
1 jaune d'œuf
10 cl d'huile
5 cl de vinaigre
Sel, poivre.

Assaisonner tous les fruits de mer et les mettre à cuire à la vapeur puis les retirer au fur et à mesure qu'ils sont cuits. Les réserver au chaud, couverts d'un papier d'aluminium.

Couper le concombre en deux puis l'épépiner. Le mettre à cuire 5 minutes à grande eau bouillante puis l'égoutter. Le mixer avec le jaune d'œuf, ajouter le vinaigre, l'huile et l'assaisonner. Napper le fond du plat de coulis et disposer les fruits de mer dessus. Décorer de quelques brins d'aneth.

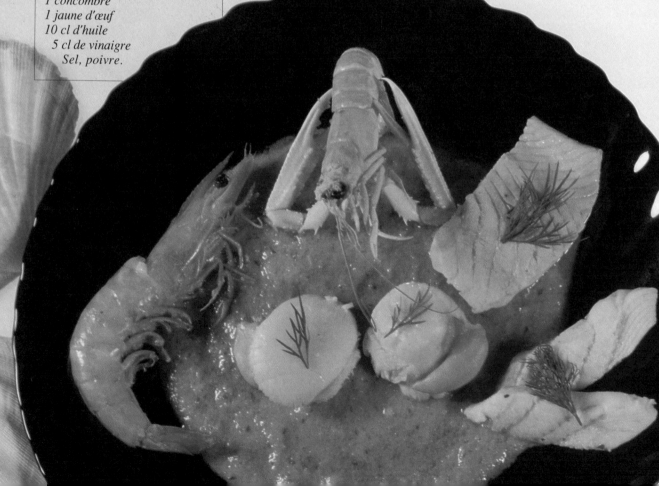

SALADE COMPOSEE AUX ECREVISSES

XX ◯◯

4 personnes.

Préparation : 30 mn.
Cuisson : 2 mn.

Ingrédients :
1 court-bouillon de poisson
32 écrevisses vivantes
2 poignées de salade de mesclun
Sauce salade aux anchois (p. 19)
1/2 avocat
Le jus d'1/2 citron.

Plonger les écrevisses châtrées 2 minutes dans le court-bouillon puis les retirer.

Décortiquer les queues en les laissant attenantes à la tête.

Laver et égoutter la salade. L'assaisonner de vinaigrette à l'anchois.

Emincer l'avocat, le citronner et le mélanger à la salade.

Répartir sur assiettes individuelles et entourer avec les écrevisses.

Châtrer les écrevisses. Saisir l'écaille du milieu. Tourner d'un demi-tour et tirer doucement.

AVOCATS AU HADDOCK

6 personnes.

Préparation : 10 mn.
Cuisson : 10 mn.

Ingrédients :
3 avocats
200 g de haddock
150 g de haricots verts fins
2 oignons frais
Sauce vinaigrette (p. 14)
1 citron.

Eplucher, émincer les avocats, les mettre dans le jus de citron. Egoutter, dresser sur assiettes.

Couper le haddock cru en lanelles aussi fines que possible.

Ebouillanter et refroidir les haricots verts.

Ajouter le haddock, les haricots verts sur les assiettes. Garnir de rondelles d'oignons. Assaisonner.

SALADE DE HARENG AU PASSE-PIERRE

4 personnes.

Préparation : 10 mn.
Cuisson : 2 mn.

Ingrédients :
4 filets de hareng fumé
150 g de passe-pierre en bocal
Sauce aux anchois (p. 19)
2 échalotes
2 tomates
1 citron
1 branche d'aneth.

Egoutter le passe-pierre. Ajouter les échalotes hachées et la sauce aux anchois.

Disposer un peu de passe-pierre sur chaque assiette. Poser un filet de hareng émincé au centre, décorer d'un brin d'aneth, entourer de quartiers de tomate et de tranches de citron cannelées.

EFFILOCHEE DE RAIE

XX ○

4 personnes.

Préparation : 25 mn.
Cuisson : 10 mn.

Ingrédients :
1 aileron de raie (400 g)
1 laitue
1 trévise
1 botte de mâche
1 l de court-bouillon
1 dl de lait
4 branches de céleri
2 tomates
2 citrons
1 pincée de ciboulette hachée
1 pincée de menthe hachée
1 bouquet d'aneth
Sauce aux anchois (p. 19).

Pocher la raie dans le court-bouillon additionné de lait. Egoutter, retirer la peau et les arêtes.

Dresser les salades lavées sur les assiettes et répartir le céleri émincé et l'effilochée de raie, saupoudrer de ciboulette, de menthe et du zeste râpé d'un citron.

Décorer de quartiers de tomate, de tranches cannelées de citron et de brins d'aneth.

Servir avec la sauce aux anchois.

PATES VERTES EN SALADE AUX FILETS DE SOLE

✄ ⚭

4 personnes.

Préparation : 20 mn.
Cuisson : 10 mn.

Ingrédients :
200 g de nouilles vertes
100 g de passe-pierre en bocal
8 filets de sole
40 g de beurre
Sel, poivre
Sauce cocktail ou à salade
(p. 18)
2 tomates émondées
Quelques feuilles de basilic.

Cuire les nouilles de façon traditionnelle, les égoutter en fin de cuisson et les rincer à l'eau chaude. Les assaisonner de sel, de poivre et de la sauce d'assaisonnement choisie.

Egoutter le passe-pierre.

Aplatir les filets de sole, les inciser côté peau pour éviter qu'ils ne se déforment à la cuisson. Les assaisonner, les dorer à la poêle au beurre pour les cuire.

Tailler les tomates émondées en quartiers.

Dresser les nouilles refroidies au milieu des assiettes. Répartir le passe-pierre. Poser dessus, en croisillons, les filets de sole. Entourer de quartiers de tomate et décorer de quelques feuilles de basilic.

VARIANTE

On peut émincer un peu de basilic et l'incorporer aux nouilles.

Entailler les filets de sole côté peau.

On peut également les découper en gougeonnettes.

SALADE NEPTUNE

✗ ⌀⌀⌀

4 personnes.

Préparation : 30 mn.
Cuisson : 5 mn.

Ingrédients :
2 avocats
1 botte d'asperges
2 tomates
4 tranches de saumon fumé
4 filets de rouget
50 g de beurre
1 citron
1 bouquet d'aneth
Sauce au fromage blanc (p. 18)
Sel, poivre
1 salade frisée
120 g de haricots verts.

Mettre les asperges à cuire à grande eau bouillante salée ou égoutter une boîte.

Cuire les haricots verts à grande eau bouillante salée. Les égoutter en fin de cuisson. Les mettre en bottes et les enrouler avec le saumon fumé.

Laver, égoutter et assaisonner la salade. La disposer en dôme sur des assiettes.

Dorer au beurre les filets de rouget assaisonnés sur les deux faces. Les disposer sur la salade. Les entourer de bottes de haricots verts, de quartiers de tomate, d'asperges disposées en étoiles, de lamelles d'avocat, de tranches de citron cannelées. Décorer de quelques brins d'aneth.

Servir à part la sauce au fromage blanc.

Couper les haricots à la même longueur. Les entourer d'une lanière de saumon fumé.

SALADE FORESTIERE

✖ ∞

4 personnes.

Préparation : 15 mn.
Cuisson : 5 mn.

Ingrédients :
250 g de salade mélangée
100 g de chanterelles
100 g de pleurotes
4 douzaines d'escargots
3 fines tranches de lard fumé
Sauce à salade (p. 18)
30 g de beurre
1 pincée de ciboulette.

Laver la salade, l'égoutter Assaisonner avec la sauc disposer sur les assiettes i duelles.

Tailler le lard en tout petits lardons, les faire sauter à la poêle avec la noix de beurre, les escargots, les chanterelles et les pleurotes émincées. Ne pas assaisonner, le lard suffit à relever le plat.

Entourer la salade d'escargots, verser le jus de cuisson et les lardons sur le dessus. Saupoudrer de ciboulette.

SALADE FOLLE

XX OOO

6 personnes.

Préparation : 15 mn.
Cuisson : 10 mn.

Ingrédients :
1 queue de langouste
300 g de foie gras mi-cuit
150 g de haricots verts extra-
fins
1 truffe
3 fonds d'artichaut cuits
Vinaigrette au vinaigre
de framboise (p. 16).

Couper la queue de langouste en tranches.

Ebouillanter les haricots verts à l'eau bouillante très salée, arrêter la cuisson en les gardant croquants, les plonger dans l'eau glacée puis les égoutter.

Couper le foie gras en morceaux, la truffe en rondelles. Emincer les fonds d'artichaut.

Disposer harmonieusement ces éléments sur les assiettes et ajouter un soupçon de vinaigrette.

SALADE DES GOURMETS

XX ⚬⚬⚬

4 personnes.

Préparation : 20 mn.
Cuisson : 15 mn.

Ingrédients :
4 gésiers de canard
4 escalopes crues de foie gras de
canard (200 g environ)
200 g de salade mélangée
(frisée-feuille de chêne-mâche-
trévise)
Sauce à salade (p. 18)
100 g de girolles
50 g de pleurotes
50 g de beurre
1 cuil. à soupe de ciboulette
Cerfeuil
Sel, poivre du moulin
12 tomates cocktail.

Laver la salade, l'égoutter, l'assaisonner de sauce salade et la répartir sur les assiettes.

Laver et nettoyer les champignons. Les cuire au beurre à la poêle. Les assaisonner et les cuire jusqu'à complète évaporation de l'eau de cuisson puis les répartir sur la salade.

Escaloper les gésiers de canard et les faire chauffer au four ou les faire sauter à la poêle et les répartir sur les champignons.

Assaisonner les escalopes de foie gras et les poêler sur les deux faces dans une poêle anti-adhésive de préférence, ce qui demande 1 minute par face. Les répartir sur la salade.

Verser la graisse rendue par la cuisson du foie gras sur la salade. Saupoudrer l'ensemble de ciboulette hachée et de pluches de cerfeuil.

Décorer le tour des assiettes de tomates cocktail.

POT-AU-FEU DE CANARD EN SALADE

6 personnes.

Préparation : 35 mn.
Cuisson : 1 h 30 mn.

Ingrédients :
1 canard
3 carottes
3 navets
1 céleri
1 poireau
1 bouquet garni
1 clou de girofle
2 feuilles de laurier
1/2 chou blanc
Sauce fromage blanc (p. 18)
Cerfeuil.

Flamber et vider le canard. Le couper en morceaux.

Laver et éplucher les légumes. Les mettre dans une grande casserole remplie d'eau salée avec la garniture aromatique.

A ébullition, ajouter les morceaux de canard à cuire. Couvrir la casserole et cuire. Retirer les légumes cuits puis poursuivre la cuisson du canard jusqu'à terme.

Répartir les légumes et les morceaux de canard sur un plat ou sur assiettes. Décorer de pluches de cerfeuil. Servir l'assaisonnement à part.

CONSEIL

On peut servir une sauce salade dans laquelle on ajoute plus ou moins de raifort râpé selon le goût.

On peut aussi accompagner de sauce préparée ainsi :

fouetter 1/4 l de crème jusqu'à épaississement (comme une chantilly) et y incorporer une cuillère à soupe de raifort râpé. Goûter l'assaisonnement et saler au besoin.

SALADE DE MESCLUN AU MAGRET DE CANARD

XX ◯

4 personnes.

Préparation : 20 mn.
Cuisson : 30 mn.

Ingrédients :
200 g de mesclun
120 g de poitrine de porc fumée
30 g de beurre
1 magret de canard
3 cl d'huile
8 pommes de terre nouvelles
Sel, poivre
Sauce à salade (p. 18)
Quelques feuilles de feuille de chêne.

Mettre les pommes de terre à cuire à grande eau salée. Les éplucher et les tailler en rondelles.

Assaisonner le magret de canard et le mettre à cuire dans le mélange huile-beurre à feu très doux. Il faut compter 20 minutes de cuisson lente pour le garder rosé.

Après cuisson, le laisser reposer 5 minutes avant de le détailler en tranches. Dans la même poêle, mettre la poitrine fumée taillée en lardons à rissoler pendant 3 minutes. Réserver au chaud.

Laver la salade. L'égoutter et l'assaisonner. La dresser au centre des assiettes.

Décorer le tour de la salade de tranches de magret et de rondelles de pommes de terre.

Répartir les lardons sur la salade. Décorer le tour de quelques feuilles de feuille de chêne.

SALADE DE VOLAILLE

4 personnes.

Préparation : 15 mn.

Ingrédients :
2 ailes de poulet cuites
120 g de gruyère
150 g de jambon blanc
1 oignon
1 tomate
Ciboulette
Sauce à salade (p. 18)
20 g d'amandes effilées grillées
1 cœur de laitue.

Tailler les ailes de poulet, le jambon et le gruyère en dés de même grandeur.

Verser le tout dans un saladier avec l'oignon haché sur la laitue en chiffonnade. Ajouter la sauce à salade et la ciboulette hachée sur le dessus.

Décorer de quartiers de tomate. Saupoudrer le plat d'amandes.

SALADE DE VOLAILLES FUMEES

4 personnes.

Préparation : 20 mn.
Cuisson : 2 mn.

Ingrédients :
4 poignées de salade mélangée
1 magret fumé de canard
1 aile de poulet fumé
12 tranches de lard
50 g de pignons de pin grillés
Dressing exotique (p. 14).

Laver et égoutter les salades.
Tailler l'aile de poulet en dés. Les ajouter à la salade avec les pignons de pin et la sauce.

Disposer la salade en dôme sur assiettes individuelles, répartir de fines tranches de magret en couronne sur la salade.

Griller les tranches de lard à sec dans une poêle, les étendre chaudes sur la salade.

Servir aussitôt.

FILET DE CHAPON "VIEILLE FRANCE"

XX OOO

4 personnes.

Préparation : 15 mn.
Cuisson : 20 mn.

Ingrédients :
1 filet de chapon
10 g de beurre
200 g de mesclun
Sauce à salade (p. 18)
12 tomates cocktail
Pluches de cerfeuil
1 cuil. à soupe de julienne de
truffe (facultatif)
Sel, poivre.

Beurrer une feuille de papier aluminium, y déposer le filet de chapon assaisonné. Fermer la feuille et mettre à cuire à la vapeur.

Laver, égoutter la salade, assaisonner avec la sauce. Poser au centre des assiettes, en dôme. Entourer d'escalopes de chapon. Décorer avec les tomates cocktail et saupoudrer la surface de pluches de cerfeuil et de julienne de truffe.

Un filet de chapon moyen pèse environ 300 g (en prévoir 2 au cas où ils seraient trop petits).

SALADE DE CONFIT DE LAPIN

6 personnes.

Préparation : 35 mn.
Cuisson : 2 h.

Ingrédients :
1 râble de lapin
3 oignons
100 g de lardons
1/2 l d'eau
1 feuille de laurier
Branche de thym
Sel, poivre
5 cl d'huile d'olive
4 poignées de mesclun
Vinaigrette à l'huile d'olive
(p. 16)
12 tomates cocktail
1 branche de basilic
1 fenouil
30 g de pignons.

Tailler le lapin en morceaux. Les assaisonner et les faire dorer à l'huile. Les réserver.

Faire revenir les oignons et les lardons.

Mettre la viande, les oignons, les lardons, le thym et le laurier dans une cocotte en terre cuite. Ajouter 1/2 l d'eau. Mettre au four au bain-marie 2 heures à 180 °C (th. 6).

Retirer le lapin, enlever les os et remettre toute la viande dans le jus de cuisson.

Laver le mesclun, ajouter le fenouil émincé et le basilic haché. Assaisonner avec la vinaigrette.

Dresser un peu de salade dans chaque assiette, ajouter la chair de lapin chaude, entourer de tomates cocktail, saupoudrer de pignons de pin et servir aussitôt.

SALADE DE LAPIN AUX CUISSES DE GRENOUILLES

XX ∞

4 personnes.

Préparation : 50 mn.
Cuisson : 10 mn.

Ingrédients :
1 râble de lapin
500 g de cuisses de grenouilles
2 petites poignées de trévise
Vinaigrette (p. 14)
30 g de beurre
3 cl d'huile
Sel, poivre
Thym
2 tomates
Persil.

Désosser le râble, parer les filets, les émincer en fines lamelles, les assaisonner.

Désosser les cuisses de grenouilles (retirer les chairs à l'aide d'un petit couteau). Assaisonner.

Dresser la salade assaisonnée sur les assiettes, entourer de quartiers de tomates.

Faire sauter l'émincé de râble et les cuisses dans le mélange huile-beurre très chaud. Ajouter le thym. Répartir le mélange chaud sur la salade et servir aussitôt, saupoudrer de persil haché.

Dresser le râble et parer les filets.

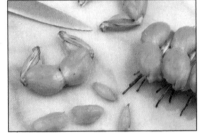

Désosser les cuisses de grenouilles.

SALADE CHINOISE

XX ∞

4 personnes.

Préparation : 20 mn.
Trempage : 12 h.

Ingrédients :
*120 g de germes de soja frais ou
en boîte
2 blancs de poulet cuits
1 petite boîte de pousses de
bambou
25 g de champignons noirs secs
parfumés
1 oignon
2 carottes
3 cuil. à soupe de sauce soja.*

La veille de la préparation, mettre les champignons noirs à tremper dans de l'eau tiède.

Le lendemain, les égoutter, les presser entre les mains et les émincer très finement.

Laver le soja frais ou l'égoutter s'il est en boîte. Ajouter l'oignon haché, les pousses de bambou égouttées, les deux blancs de poulet taillés en bâtonnets et les champignons noirs.

Dresser dans un saladier et arroser de sauce préparée ainsi : passer deux carottes à la centrifugeuse à agrumes et ajouter 3 cuillerées à soupe de sauce soja. Rectifier l'assaisonnement.

SALADE
DE LAPIN

❌❌❌ ∞

4 personnes.

Préparation : 15 mn.
Cuisson : 5 mn.

Ingrédients :
1 râble de lapin
Sel, poivre
2 cl. d'huile et 40 g de beurre
pour la cuisson
1 cœur de frisée
1 trévise
2 endives
1/2 fenouil
Vinaigrette à l'huile de noix
(p. 14)
1 carotte (environ 100 g)
16 cerneaux de noix.

Désosser le râble de lapin. Parer les filets, les émincer finement, les assaisonner et les faire sauter à feu vif dans un sautoir épais et très chaud avec l'huile et le beurre. Les retirer en fin de cuisson et les tenir au chaud.

Nettoyer, laver et égoutter les salades. Mélanger les feuilles de trévise, les endives émincées (garder quelques belles feuilles entières pour la décoration) et la frisée. Emincer le fenouil et l'ajouter à la salade.

Cuire la carotte lavée, épluchée et émincée, à grande eau salée puis la mixer. Ajouter la vinaigrette à la purée de carotte. Mélanger et assaisonner la salade avec ce mélange.

Dresser la salade en dôme sur les assiettes. Ajouter l'émincé de râble. Entourer la base de feuilles d'endive et décorer de quelques cerneaux de noix.

SALADE RICHE AU JAMBON

✕ ⚭

4 personnes.

Préparation : 10 mn.

Ingrédients :
12 tranches de jambon fumé
200 g de salade mélangée
(feuille de chêne, trévise, mâche)
Sauce à salade (p. 18)
2 tomates
2 œufs durs
4 tranches de lard fumé paysan
1 endive.

Laver la salade, l'égoutter, l'assaisonner. La disposer en dôme sur les assiettes.

Disposer dessus les tranches de jambon fumé et les tranches de lard paysan fumé et grillé à sec dans une poêle anti-adhésive.

Entourer de quartiers de tomate et d'œuf dur.

Disposer autour quelques feuilles d'endive disposées en étoile.

Servir aussitôt prêt.

CONSEIL

On peut aussi préparer, pour ces salades, une sauce cocktail en ajoutant à la mayonnaise 2 cuillerées à soupe de crème fouettée, 1 cuillerée à soupe de ketchup et 1 cuillerée à soupe de cognac.

CHEF'S SALAD

✕ ○

4 personnes.

Préparation : 25 mn.

Ingrédients :
150 g de jambon blanc
2 ailes cuites de poulet
150 g de gruyère
1 laitue
Sauce mayonnaise (p. 18)
2 tomates
10 petits radis rouges
1 oignon haché
1 cuil. à soupe de persil haché.

Tailler le jambon et le gruyère en petits dés.

Tailler les ailes cuites de poulet en dés de même grandeur. Mélanger. Ajouter l'oignon haché et les radis rouges émincés en fines lamelles.

Laver et égoutter la laitue. La tailler en chiffonnade, la disposer dans des coupes individuelles. Ajouter la précédente salade. Napper de mayonnaise et décorer de quartiers de tomate.

Saupoudrer de persil haché et servir.

SALADE AUX VIANDES FUMEES

✗ ∞

6 personnes.

Préparation : 20 mn.
Cuisson : 2 mn.

Ingrédients :
3 poignées de mesclun
1 magret fumé de canard ou
d'oie
1 aile de poulet fumé
12 tranches de lard fumé
50 g de pignons de pin grillés
Sauce à salade (p. 18).

Laver et égoutter la salade.
Tailler l'aile de poulet en dés et les ajouter à la salade. Ajouter les pignons de pin et la sauce à salade.

Dresser la salade en dôme sur assiettes individuelles. Poser des tranches fines de magret en couronne sur la salade.

Mettre les tranches de lard à griller sur un gril ou à sec dans une poêle antiadhésive et les poser chaudes sur la salade.

Servir aussitôt.

CONSEIL

Le dressing exotique (p. 14) convient admirablement bien pour cette salade.

SALADE
A LA JULIENNE DE VIANDES

✗ ○

4 personnes.

Préparation : 15 mn.
Cuisson : 15 mn.

Ingrédients :
150 g de nouilles
1 blanc de poulet cuit
2 tranches de langue écarlate
1 cuil. à soupe de truffe en julienne
2 tomates pelées, épépinées et coupées en petits dés
Quelques feuilles de basilic hachées
Sel, poivre
1 cuil. à soupe de crème fraîche épaisse
2 cuil. à soupe de sauce mayonnaise (p. 18)
1 pincée de curry en poudre.

Mettre les nouilles à cuire à grande eau salée puis les égoutter et les rincer à l'eau chaude.

Mélanger la mayonnaise, la crème et le curry. L'ajouter aux pâtes.

Ajouter la julienne de truffe, les tranches de langue et de poulet taillées en julienne. Assaisonner éventuellement.

Dresser sur assiettes. Saupoudrer de petits dés de tomate et de basilic haché.

Couper le blanc de poulet en tranches fines puis en julienne.

Procéder de même avec la langue.

SALADE RICHE

XXX OOO

4 personnes.

Préparation : 40 mn.
Cuisson : 20 mn.

Ingrédients :
400 g de filet de bœuf
Sel, poivre
5 cl.d'huile
8 tranches fines de foie gras
200 g de céleri-rave
300 g de carottes
400 g de courgettes
Vinaigrette à l'huile de noisette
(p. 16)
1 oignon
Ciboulette hachée
Quelques feuilles de basilic.

Assaisonner le filet de bœuf. Le mettre à rôtir arrosé d'huile dans un four chaud. L'arroser souvent pendant la cuisson. Le garder saignant ou rosé suivant son goût.

Eplucher et laver le céleri et les carottes. Façonner des perles de légumes à l'aide d'une cuillère à pommes perles. Façonner des perles dans les courgettes sans les éplucher.

Cuire tous ces légumes séparément à grande eau salée. Les égoutter et les mélanger.

Ajouter l'oignon haché très fin, la vinaigrette, et répartir sur quatre assiettes.

Tailler le filet en tranches. Les poser sur les assiettes en les intercalant avec des tranches de foie gras.

Saupoudrer la salade de perles et de ciboulette hachée. Décorer de quelques feuilles entières de basilic (en saison).

SALADE DE RIS DE VEAU

6 personnes.

Préparation : 20 mn.
Cuisson : 10 mn.

Ingrédients :
2 noix de ris de veau
2 poignées de mesclun ou toute
autre salade mélangée
100 g de cerneaux de noix
5 cl de vinaigre de xérès
1 dl d'huile de noix
Sel, poivre
50 g de beurre
4 tomates
Quelques brins de ciboulette
2 endives

Mettre les ris de veau dans une casserole d'eau froide. Porter à ébullition à couvert. Laisser bouillir 5 minutes puis rafraîchir les ris de veau. En retirer les parties graisseuses et les nerfs.

Tailler les ris en escalopes et les faire dorer à la poêle dans un morceau de beurre. Les colorer sur les deux faces. Les assaisonner et les tenir au chaud.

Laver la salade. L'égoutter. Mélanger l'huile de noix et le vinaigre de xérès et assaisonner la salade de ce mélange.

Poser un peu de salade dans le centre de chaque assiette. Entourer de quartiers de tomate et de feuilles d'endives (en saison) disposées en étoile.

Ajouter les escalopes de ris de veau sur les salades.

Saupoudrer le dessus de ciboulette hachée et de cerneaux de noix.

BRILLAT-SAVARIN EN SALADE

4 personnes.

Préparation : 10 mn.

Ingrédients :
4 tranches de Brillat-Savarin ou de vignotte
2 cœurs de frisée
4 têtes de champignons frais de Paris
120 g de lardons de poitrine de porc fumée
40 g de beurre
1 oignon
Sauce au fromage blanc (p. 18)
2 tomates
1 pincée de ciboulette hachée.

Laver et égoutter la salade.

Laver les champignons, les émincer et les ajouter à la salade. Ajouter l'oignon haché et la sauce au fromage blanc. Bien mélanger et dresser le tout sur plat ou sur assiettes individuelles.

Faire rissoler les lardons avec une noix de beurre dans une poêle chaude. Les ajouter chauds sur la salade.

Poser les tranches de Brillat-Savarin par dessus. Entourer de quartiers de tomate et saupoudrer de ciboulette.

Servir aussitôt.

CONSEIL

On peut très bien remplacer le Brillat-Savarin par un morceau de vignotte.

La vignotte est un fromage gras de la Haute-Marne.

SALADE A L'ATHENIENNE

4 personnes.

Préparation : 10 mn.

Ingrédients :
1 laitue
Vinaigrette à l'huile d'olive (p. 16)
1 concombre
4 tomates
300 g de feta
100 g d'olives noires.

Laver et égoutter la salade. La mettre dans un saladier.

Ajouter les tomates coupées en quartiers, les tranches de concombre épépiné mais non épluché et la vinaigrette. Mélanger.

Ajouter sur le dessus des tranches de féta et les olives.

REMARQUE

La feta est un fromage frais de brebis. C'est le plus connu des fromages grecs. On peut également le savourer à l'apéritif, détaillé en petits cubes.

SALADE DE MACHE AUX STEAKS DE GRUYERE PANES

✗ ○

4 personnes.

Préparation : 10 mn.
Cuisson : 5 mn.

Ingrédients :
*4 tranches de gruyère de 100 g
pièce*
1 œuf
1 paquet de chapelure
3 cl d'huile
150 g de mâche
2 tomates
1 pincée de ciboulette hachée
Sauce à salade (p. 18).

Paner les 4 tranches de gruyère en les passant deux fois successivement dans l'œuf battu puis dans la chapelure.

Chauffer l'huile dans la poêle et y faire dorer les tranches de gruyère sur les deux faces. Elles doivent dorer à l'extérieur et chauffer à l'intérieur.

Laver et égoutter la salade. L'assaisonner avec la sauce. La dresser sur assiettes. Ajouter un pavé de gruyère chaud et de la tomate.

Saupoudrer de ciboulette hachée. Servir rapidement.

SALADE SURPRISE AU GRUYERE

4 personnes.

Préparation : 20 mn.

Ingrédients :
1 salade frisée
1 morceau de gruyère de 500 g
4 tomates
4 œufs durs
2 cuil. à soupe de cerneaux de noix
Cumin
1 dl de lait
Vinaigrette (p. 14).

Prélever 24 boules de gruyère à l'aide d'une cuillère à pommes parisiennes. Les passer dans le lait puis les rouler dans du cumin.

Laver et égoutter la salade. L'assaisonner avec la vinaigrette. Disposer sur assiettes.

Entourer de boules de gruyère au cumin, de quartiers d'œuf dur et de tomate.

Saupoudrer la salade de cerneaux de noix.

SALADE DE BILLES DE FROMAGE "PANEES" AUX AMANDES

4 personnes.

Préparation : 20 mn.

Ingrédients :
50 g de comté
40 g de roquefort
40 g de crème de gruyère
70 g de beurre
40 g d'amandes effilées grillées
et hachées
Sel, poivre
Quelques gouttes de cognac
120 g de salade de mâche
Sauce à salade (p.18)
1 tomate.

Tailler le comté en brunoise (tout petits dés).

Malaxer au mixer le beurre, la crème de gruyère, le roquefort, l'assaisonnement et le cognac. Mettre le tout dans un saladier puis ajouter les petits dés de comté.

Former des boules de cette préparation et les mettre au frais. Les "paner" en les passant dans les amandes grillées hachées.

Laver, égoutter et assaisonner la salade. En disposer un peu sur chaque assiette.

Entourer de boules de fromage et de quartiers de tomate.

SALADE AU ROQUEFORT

✗ ○

4 personnes.

Préparation : 10 mn.

Ingrédients :
200 g de salade mélangée (ou uniquement de mâche en saison)
2 tomates
2 cuil. à soupe de cerneaux de noix
80 g de roquefort
1 cuil. à soupe de ciboulette hachée
Sauce à salade (p. 18).

Laver la salade. L'égoutter.
Ajouter la sauce salade.

Dresser sur assiettes individuelles et ajouter le roquefort émietté sur la salade.

Entourer de quartiers de tomate. Disposer les cerneaux de noix.

Saupoudrer de ciboulette hachée et servir.

CONSEIL

Les tomates sont plus agréables à manger lorsqu'elles sont émondées. Pour cela, il suffit de les passer environ 10 secondes à l'eau bouillante. La peau s'enlève alors très facilement.

SALADE COMPOSEE AU SAINT-MARCELLIN

4 personnes.

Préparation : 10 mn.
Cuisson : 8 mn.

Ingrédients :
4 Saint-Marcellin
50 g de beurre
2 cl d'huile
200 g de salade mélangée
(mâche, endive, quelques feuilles
de pousses d'épinards)
Quelques feuilles de basilic
2 tomates
2 cuil. à soupe de pignons de
pin grillés
Vinaigrette (p. 14)
Ciboulette.

Chauffer une poêle anti-adhésive, ajouter l'huile et le beurre et y déposer les Saint-Marcellin. Les dorer sur les deux faces. Réserver au chaud.

Laver les salades, les égoutter, les assaisonner et les disposer sur assiettes avec le basilic ciselé.

Disposer les fromages sur les salades.

Parsemer de pignons de pin et de dés de tomates pelées et épépinées.

Saupoudrer de ciboulette hachée.

ENTREES

GASPACHO

6 personnes.

Préparation : 30 mn.

Ingrédients :
6 tomates
2 poivrons verts
1 concombre
2 gousses d'ail
1 oignon
150 g de chapelure
5 cl d'huile d'olive
5 cl de vinaigre
2 tranches de pain de mie
6 feuilles de basilic
Sel, poivre.

Eplucher et égrener les tomates, 1 poivron et la moitié du concombre. Hacher l'ail et l'oignon. Mixer tous ces légumes et les verser dans un saladier.

Ajouter l'huile, le vinaigre, le sel, le poivre, la chapelure. Mélanger le tout. Ajouter de l'eau glacée pour obtenir 1 litre. Réserver au frais.

Couper le pain en petits cubes et les faire dorer.

Servir saupoudré de feuilles de basilic ciselées et accompagné des croûtons, du demi-concombre et d'un poivron en petits dés.

POTAGE FROID AUX TOMATES

6 personnes.

Préparation : 20 mn.
Cuisson : 45 mn.
Repos : 1 h.

Ingrédients :
1,5 l de bouillon de bœuf
100 g de pommes de terre
1 kg de tomates
2 gousses d'ail
Quelques branches de persil
4 cuil. d'huile d'olive
Sel, poivre.

Cuire les pommes de terre épluchées, les tomates mondées et coupées en gros quartiers, pendant 45 minutes dans le bouillon. Mixer.

Piler l'ail avec l'huile. L'ajouter dans le potage tiédi. Saler, poivrer et mettre au frais pendant 1 heure.

Saupoudrer de persil haché pour servir.

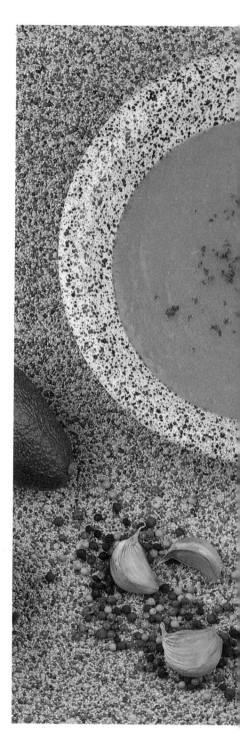

SOUPE FRAICHEUR
A L'AVOCAT

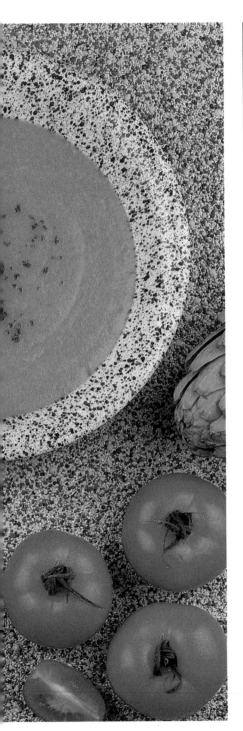

✗ ⊙⊙

6 personnes.

Préparation : 10 mn.
Repos : 6 à 8 h.

Ingrédients :
2 avocats
1 l de bouillon de volaille
2 dl de crème
1 pamplemousse
Sel, poivre de Cayenne.

Mixer les avocats épluchés avec le bouillon et la crème. Assaisonner copieusement. Réserver au réfrigérateur pendant plusieurs heures.

Couper les tranches de pamplemousse pelé à vif en petits dés. En garnir le potage au moment de servir.

SOUPE GLACEE
A L'ARTICHAUT

✗ ○

4 personnes.

Préparation : 15 mn.
Cuisson : 50 mn.
Repos : 1 h.

Ingrédients :
4 gros artichauts
1 tablette de bouillon de volaille
25 cl de crème fleurette
Le jus d'1/2 citron
Sel
Cerfeuil, ciboulette.

Cuire les artichauts à l'eau bouillante salée et citronnée 45 minutes à couvert.

Oter les feuilles, le foin, récupérer les cœurs. Les couper en morceaux et les mixer avec la crème et 60 cl de bouillon préparé avec la tablette de bouillon et de l'eau. Réserver 1 heure au frais.

Servir froid. Parsemer de cerfeuil et de ciboulette hachés.

ASPERGES

ASPERGES SAUCE GRIBICHE

6 personnes.

Préparation : 20 mn.
Cuisson : 20 mn.

Ingrédients :
1,5 kg d'asperges
150 g de beurre
2 jaunes d'œufs durs
3 cuil. à soupe de yaourt
1 cuil. à café de jus de citron
Ciboulette
Sel, poivre.

---

6 personnes.

Préparation : 30 mn.
Cuisson : 20 mn.

Ingrédients :
2 kg d'asperges
2 œufs durs
1 cuil. à café de moutarde
Sel, poivre
Huile
Vinaigre
Cornichons
Câpres
Persil, cerfeuil
Gros sel.

Peler les asperges, les faire cuire 20 minutes à l'eau bouillante salée. Les égoutter, les disposer dans un plat creux.

Travailler le beurre en pommade, incorporer peu à peu les jaunes d'œufs écrasés. Ajouter le yaourt, le sel, le poivre, le jus de citron et la ciboulette. La préparation doit être lisse et homogène.

Servir les asperges tièdes avec la sauce en saucière.

Peler et laver les asperges. Faire bouillir 2 l d'eau avec une demi-cuillerée à soupe de gros sel. Y plonger les asperges pour 20 minutes.

Ecraser les jaunes d'œufs, ajouter la moutarde, le sel, le poivre puis l'huile goutte à goutte, comme pour une mayonnaise. Relever avec un peu de vinaigre. Ajouter à volonté cornichons hachés, câpres, persil et cerfeuil ciselés puis, au dernier moment, les blancs d'œufs durs hachés.

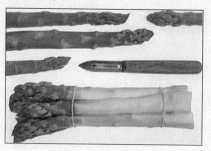

Cuisson des asperges : lier les asperges en petites bottes de même taille.

Les cuire à l'eau bouillante salée, les têtes vers le haut.

CAVIAR D'AUBERGINES

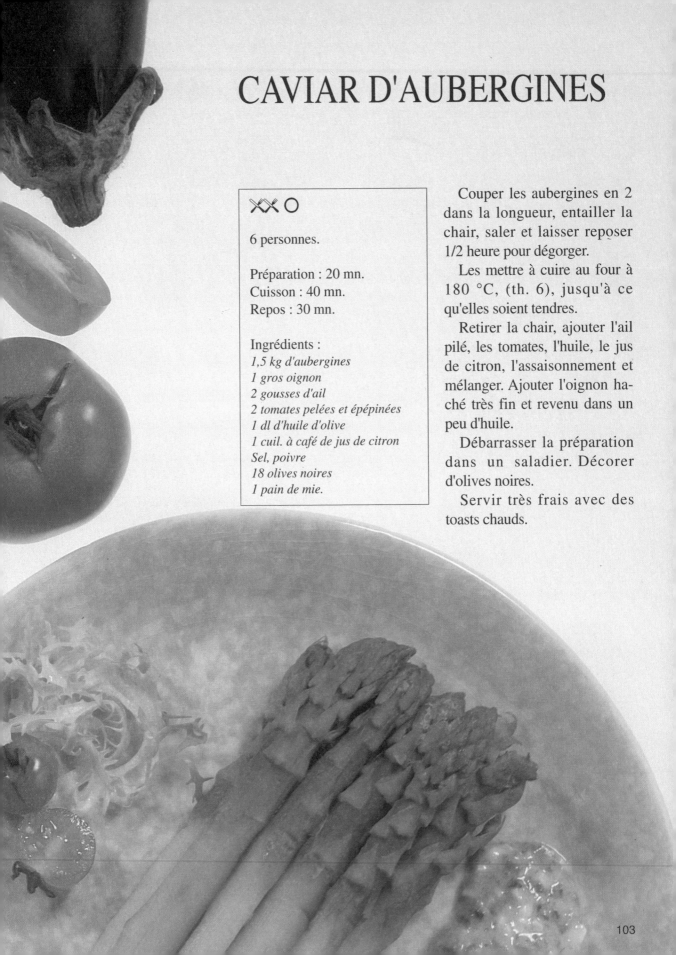

XX O

6 personnes.

Préparation : 20 mn.
Cuisson : 40 mn.
Repos : 30 mn.

Ingrédients :
1,5 kg d'aubergines
1 gros oignon
2 gousses d'ail
2 tomates pelées et épépinées
1 dl d'huile d'olive
1 cuil. à café de jus de citron
Sel, poivre
18 olives noires
1 pain de mie.

Couper les aubergines en 2 dans la longueur, entailler la chair, saler et laisser reposer 1/2 heure pour dégorger.

Les mettre à cuire au four à 180 °C, (th. 6), jusqu'à ce qu'elles soient tendres.

Retirer la chair, ajouter l'ail pilé, les tomates, l'huile, le jus de citron, l'assaisonnement et mélanger. Ajouter l'oignon haché très fin et revenu dans un peu d'huile.

Débarrasser la préparation dans un saladier. Décorer d'olives noires.

Servir très frais avec des toasts chauds.

AVOCATS AU JAMBON DE PARME

4 personnes.

Préparation : 10 mn.

Ingrédients :
3 avocats
8 tranches de jambon de Parme
très fines
Fines herbes hachées
Sauce mayonnaise (p. 18)
Quelques gouttes de Tabasco
Une pointe de couteau de
concentré de tomate
1 citron.

Eplucher les avocats et les émincer. Les passer dans le jus de citron et les égoutter.

Dresser sur assiette, garnir avec des lanières de jambon de Parme et des fines herbes.

Ajouter la sauce mayonnaise dans laquelle on aura incorporé le Tabasco et le concentré de tomate.

CHAMPIGNONS A LA GRECQUE

10 personnes.

Préparation : 20 mn.
Cuisson : 10 mn.
Repos : 2 h.

Ingrédients :
1 kg de petits champignons
1 dl d'huile
2 dl de vin blanc sec
Le jus d'1 citron
1 dl de sauce tomate (p. 13)
5 g de coriandre
Sel, bouquet garni.

Nettoyer et laver les champignons. Les verser dans l'huile chaude. Ajouter le jus de citron, le vin blanc, la sauce tomate, le bouquet garni et la coriandre. Saler.

Laisser cuire, sans couvrir, à feu vif, 10 minutes.

Laisser refroidir.

Servir bien frais dans la marinade très réduite.

CHOU-FLEUR MIMOSA

6 personnes.

Préparation : 20 mn.
Cuisson : 15 mn.

Ingrédients :
1 chou-fleur
2 œufs durs
Quelques feuilles de salade
Mayonnaise (p. 18).

Cuire le chou-fleur 15 minutes à l'eau bouillante salée. L'égoutter, le laisser refroidir.

Reformer le chou-fleur en liant les bouquets avec un peu de mayonnaise. Garnir un plat avec la salade et y retourner le chou-fleur.

Saupoudrer avec les jaunes d'œufs écrasés.

Hacher les blancs et les répartir sur les feuilles de salade.

BARQUETTES
A LA VIKING

4 personnes.

Repos : 1 h.
Préparation : 15 mn.
Cuisson : 10 mn.

Ingrédients :
1 concombre
4 œufs
150 g de saumon fumé (ou de
filets de truite fumée)
1 yaourt à 0 % de matières
grasses
1 cuil. à soupe de fines herbes
hachées
Sel, poivre.

Eplucher le concombre. Le couper en 2 tronçons. Diviser chaque tronçon en 2 dans le sens de la longueur. Retirer les graines à l'aide d'une cuillère à café. Saler. Laisser dégorger 1 heure au frais.

Faire durcir les œufs 10 minutes à l'eau bouillante salée. Les rafraîchir. Les écaler. Les couper en petits cubes (blanc et jaune). Les mélanger avec le saumon fumé coupé en cubes, le yaourt et les fines herbes. Assaisonner.

Eponger les barquettes de concombre. Garnir la cavité avec la préparation.

Servir frais.

TRONÇONS CAMBACERES

Eplucher le concombre. Le découper en une douzaine de tranches épaisses de 2 à 3 cm. Creuser chaque tranche sur 1 côté. Saler. Laisser dégorger au frais pendant environ 1 heure.

Egoutter le fromage blanc. Le mélanger avec la crème et les herbes. Assaisonner. Eponger les tranches de concombre. Les garnir généreusement avec la préparation. Servir frais.

✕○

4 personnes.

Repos : 1 h.
Préparation : 10 mn.

Ingrédients :
1 concombre
300 g de fromage blanc à 40 %
de matières grasses
1 dl de crème fraîche épaisse
2 cuil. à soupe de fines herbes
hachées
Sel, poivre.

TRONÇONS GRANDE PECHE

Dessaler la morue pendant 1 nuit.

Eplucher le concombre. Le découper en une douzaine de tranches épaisses. Creuser chaque tranche sur un côté. Saler. Laisser dégorger au frais pendant 1 heure.

Pocher la morue. L'effeuiller. La mélanger avec la crème, le jus de citron et la moitié des œufs de saumon. Eponger les tronçons de concombre. Les garnir avec la préparation. Décorer avec les œufs de saumon restants.

✕○

4 personnes.

Dessalage : 12 h.
Préparation : 20 mn.
Cuisson : 10 mn.
Repos : 1 h.

Ingrédients :
1 concombre
200 g de morue salée
1 dl de crème fraîche épaisse
Le jus d'1/2 citron
1 petit pot d'œufs de saumon
Sel, poivre.

ASPICS AUX ŒUFS

6 personnes.

Préparation : 45 mn.
Cuisson : 3 mn.
Repos : 1 h.

Ingrédients :
12 œufs de caille
200 g de gelée
1 tranche de jambon de Paris
1 poivron rouge
Estragon
Persil
Mesclun.

Cuire les œufs 3 minutes à l'eau bouillante, les écaler.

Ebouillanter l'estragon. Epépiner le poivron. Le couper en petits cubes.

Dans des petits ramequins, disposer une feuille d'estragon, un morceau de jambon, 2 œufs cuits durs, du poivron, une branche de persil. Couvrir de gelée froide liquéfiée.

Laisser prendre au réfrigérateur pendant 1 heure.

Servir sur un lit de mesclun.

ŒUFS EN ASPIC

8 personnes.

Préparation : 40 mn.
Repos : 1 h 30 mn.

Ingrédients :
4 œufs durs
1/2 l de gelée
8 olives vertes farcies
1 tomate
16 câpres
8 rondelles de carottes cuites
Persil
Salade frisée.

Verser 1/2 cm de gelée au fond des ramequins. Faire prendre au réfrigérateur.

Poser sur la couche de gelée quelques rondelles d'olives, 2 câpres, une rondelle de carotte et un morceau de tomate.

Décorer d'une pluche de persil. Couler un peu de gelée. Laisser prendre. Poser un demi-œuf dur, le côté du jaune sur les éléments du décor. Compléter avec de la gelée.

Faire prendre au frais.

Servir avec la salade frisée.

ŒUFS EN COURONNE

6 personnes.

Préparation : 30 mn.
Cuisson : 15 mn.
Repos : 2 h.

Ingrédients :
8 œufs durs
1 l de gelée
2 tomates
2 cornichons
300 g de trévise
2 tranches de jambon blanc
Vinaigrette (p. 14)
200 g de haricots verts
200 g de carottes.

Faire cuire les haricots et les carottes séparément à l'eau bouillante. Les couper en petits cubes.

Préparer la gelée. En chemiser un moule en couronne bien froid. Laisser refroidir. Décorer le fond avec des rondelles de cornichons. Couler un peu de gelée pour les coller.

Répartir les œufs durs et les tranches de tomates. Recouvrir de jambon haché et de légumes. Remplir de gelée liquide mais froide. Mettre 2 heures au réfrigérateur.

Pour servir, retourner sur un plat. Garnir avec la trévise et accompagner de vinaigrette.

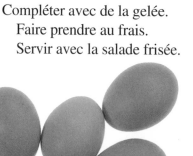

ŒUFS DURS A LA NIÇOISE

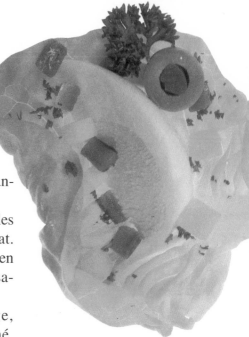

 ✕ ○

6 personnes.

Préparation : 20 mn.

Ingrédients :
6 œufs durs
24 olives farcies
1 laitue
Persil
15 filets d'anchois
100 g de comté
3 cuil. d'huile d'olive
1 cuil. de vinaigre de xérès
Sel, poivre.

Couper le comté et les anchois en très petits dés.

Laver, sécher et disposer les feuilles de laitue sur un plat. Ecaler les œufs, les couper en quartiers, les poser sur la salade.

Saupoudrer de fromage, d'anchois et de persil haché. Répartir les olives. Mélanger l'huile, le vinaigre. Saler et poivrer. En arroser les œufs.

ŒUFS FARCIS AU THON

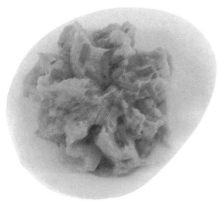

✕ ⚭

4 personnes.

Préparation : 15 mn.
Cuisson : 10 mn.

Ingrédients :
4 œufs
150 g de thon au naturel
4 filets d'anchois
2 petites tomates
2 cuil. à soupe de mayonnaise
(p. 18)
1 demi-citron
Fines herbes
Sel, poivre.

Faire cuire les œufs durs, les écaler et les couper en deux dans le sens de la longueur. Travailler les jaunes et le thon égoutté en purée. Ajouter les fines herbes hachées et les anchois pilés, la mayonnaise et quelques gouttes de jus de citron. Assaisonner.

Remplir les blancs d'œufs et les disposer dans un plat. Décorer avec les tomates coupées en quartiers.

ŒUFS A L'OSEILLE SUR CANAPES

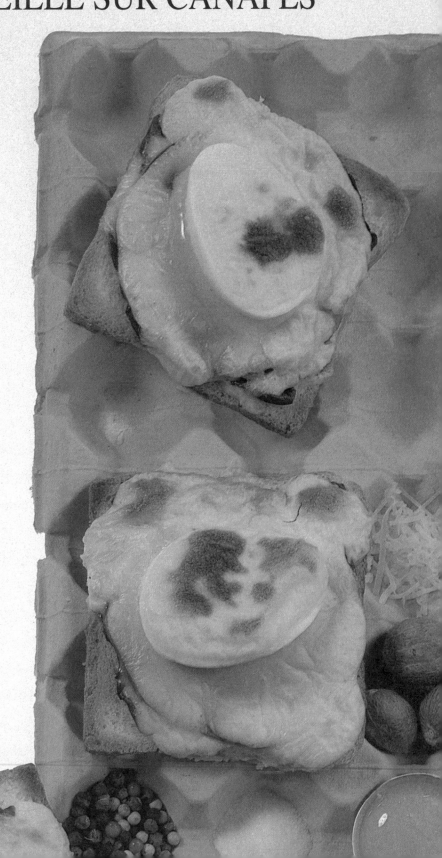

XX O

6 personnes.

Préparation : 25 mn.
Cuisson : 10 mn.

Ingrédients :
6 tranches de pain de mie
7 œufs
3 tranches de bacon
300 g d'oseille en branche
1/4 l de béchamel (p. 13)
100 g de gruyère râpé
Sel, poivre
Muscade.

Ajouter 1 œuf et le gruyère râpé dans la béchamel chaude. Faire durcir les autres œufs.

Faire blanchir l'oseille. L'assaisonner, l'égoutter.

Disposer sur chaque tranche de pain de mie une demi-tranche de bacon sur un petit tas d'oseille et 1 œuf cuit coupé en deux. Napper le tout avec la béchamel.

Mettre à gratiner 10 minutes au four à 180 °C (th. 6). Servir chaud.

ŒUFS MOLLET AU CURRY

4 personnes.

Préparation : 10 mn.
Cuisson : 15 mn.

Ingrédients :
4 œufs
4 dl de crème fraîche
Curry
Sel, poivre
4 tranches de pain de mie.

Casser les œufs dans 4 ramequins beurrés. Saler, poivrer.

Mélanger la crème avec le
curry. Assaisonner. Répartir
dans les 4 ramequins. Cuire au
four, au bain-marie, à 180 °C
(th. 6), pendant 15 minutes.

Faire dorer les tranches de
pain au gril et les servir avec
les œufs dès qu'ils sont cuits.

ŒUFS POCHES AU SABAYON
DE CHABLIS

4 personnes.

Préparation : 10 mn.
Cuisson : 15 mn.

Ingrédients :
8 œufs
Vinaigre
5 cl de chablis
2 jaunes d'œufs
5 cl d'eau froide
Sel, poivre.

Fouetter énergiquement les
jaunes d'œufs et l'eau froide.
Continuer dans une casserole
placée au bain-marie. Ajouter
le vin dès que les œufs com-
mencent à prendre. Continuer
de battre énergiquement. Retirer du feu dès que la liaison est
bonne. Assaisonner.

Pocher les œufs dans une
casserole d'eau frémissante et
légèrement vinaigrée. Les
égoutter sur un linge.

Les servir bien chauds, nap-
pés de sauce sabayon.

ŒUFS EN MEURETTE

XX ∞

6 personnes.

Préparation : 10 mn.
Cuisson : 55 mn.

Ingrédients :
6 œufs
150 g de lard
2 oignons
1/2 l de vin rouge
1/4 l de bouillon de bœuf
2 carottes
1 gousse d'ail
1 grosse cuil. à soupe de farine
25 g de beurre
1 bouquet garni
Sel, poivre.

Couper le lard en très petits lardons. Hacher l'ail et les oignons, émincer les carottes pelées.

Dans une casserole, faire rissoler les lardons avec le beurre et les oignons. Saupoudrer de farine et remuer un moment puis ajouter le vin, le bouillon, le bouquet garni, les carottes, l'ail, le sel et le poivre. Laisser mijoter environ 45 minutes.

Retirer le bouquet garni de la sauce et la passer au tamis.

Disposer les carottes et les lardons dans 6 petites cocottes.

Ramener la sauce à ébullition et la laisser réduire. Casser chaque œuf dans une tasse puis les faire glisser dans la sauce en ramenant le blanc sur le jaune. Laisser pocher 3 minutes puis en glisser un dans chaque cocotte et napper de sauce.

Servir chaud.

OMELETTE A L'OSEILLE

OMELETTE AU GRUYERE

OMELETTE A L'OSEILLE

✗ ○

4 personnes.

Préparation : 20 mn.
Cuisson : 8 à 10 mn.

Ingrédients :
8 œufs
50 g d'oseille
Sel, poivre
Cerfeuil haché
10 g de beurre.

Couper en julienne l'oseille lavée et égouttée.

Faire fondre le beurre dans la poêle puis y ajouter la julienne.

Casser les œufs, les saler et les battre. Ajouter le cerfeuil haché.

Verser les œufs dans la poêle placée sur feu vif. Cuire l'omelette uniformément. La rouler, la disposer sur un plat long et chaud.

Servir aussitôt.

OMELETTE AU GRUYERE

✗✗ ○

4 personnes.

Préparation : 15 mn.
Cuisson : 10 mn.

Ingrédients :
8 œufs
100 g de gruyère râpé
Beurre
Sel, poivre
Muscade
75 g de crème fraîche.

Séparer les blancs des jaunes d'œufs.

Ajouter la crème fraîche aux jaunes d'œufs. Saler, poivrer, incorporer le fromage et la muscade râpée.

Battre les blancs en neige ferme.

Faire fondre une cuillerée de beurre dans une poêle. Verser la préparation aux jaunes d'œufs et aussitôt après les blancs battus en neige. Faire cuire doucement en mélangeant les deux éléments.

Lorsque l'omelette est bien gonflée, la servir dans des assiettes chaudes.

OMELETTE AU FROMAGE DE CHEVRE

XX OO

4 personnes.

Préparation : 15 mn.
Cuisson : 30 mn.

Ingrédients :
6 œufs
1 oignon
1 cuil. à soupe d'huile d'olive
3 tomates
150 g de fromage de chèvre
frais
Sel, poivre
Romarin.

Hacher l'oignon et le faire revenir dans 2 cuillerées à soupe d'huile. Y ajouter les tomates pelées et coupées en petits morceaux. Saler, poivrer et laisser cuire doucement.

Battre les œufs en omelette avec le romarin, le sel et le poivre.

Faire cuire l'omelette dans un peu d'huile.

Ajouter le fromage écrasé à la purée de tomate et les verser sur l'omelette. Plier celle-ci comme un chausson et la servir chaude.

SOUFFLE AUX ASPERGES

4 personnes.

Préparation : 25 mn.
Cuisson : 20 mn.

Ingrédients :
200 g de foies de volaille
1 kg d'asperges
4 œufs
150 g de fromage blanc maigre
15 g de margarine
1 cuil. à soupe de farine
1 cuil. à soupe de persil haché
Sel, poivre.

Faire revenir les foies de volaille dans une poêle antiadhésive, sans matières grasses. Saler et poivrer. Les couper en petits dés sur une planche.

Eplucher soigneusement les asperges et les faire cuire à la vapeur. Les égoutter, couper les pointes et réduire le reste en purée.

Battre les jaunes d'œufs dans un récipient. Saler, poivrer, puis ajouter la farine.

Incorporer au mélange la purée d'asperge, les foies de volaille, les pointes d'asperges, le persil haché et le fromage blanc. Battre les blancs d'œufs en neige ferme et les incorporer délicatement à la préparation. Rectifier l'assaisonnement si nécessaire.

Mettre dans un moule à soufflé et laisser cuire pendant 20 minutes à 210 °C (th. 7). Servir de suite.

SOUFFLE AU CRABE

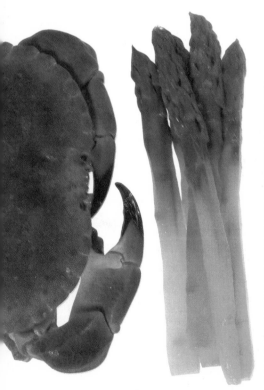

4 personnes.

Préparation : 20 mn.
Cuisson : 35 mn.

Ingrédients :
200 g de crabe au naturel
60 g de maïzena
60 g de beurre
4 dl de lait
4 œufs
1 cuil. à soupe de concentré de tomate
Sel, poivre.

Délayer la maïzena dans la moitié du lait froid. Verser ce lait dans le beurre chaud en remuant. Ajouter l'autre moitié. A ébullition, assaisonner, ajouter le concentré de tomate, le crabe égoutté et émietté.

Hors du feu, incorporer les jaunes d'œufs puis les blancs battus en neige avec une pincée de sel. Verser dans un moule à soufflé beurré. Cuire au four à 210 °C, (th. 7), 35 minutes et servir.

SOUFFLE CHINOIS

4 personnes.

Préparation : 10 mn.
Cuisson : 45 mn.

Ingrédients :
3 œufs
75 g de gruyère
100 g de jambon blanc
1 dl d'huile d'olive
50 g de farine
Sel, poivre noir
Gingembre en poudre
5 cl de sauce soja
5 cl de concentré de tomate
25 cl de lait.

Chauffer l'huile et la farine. Quand le mélange blondit, mouiller avec le lait. Ajouter le sel, le poivre et le gingembre.

Après léger refroidissement, ajouter le concentré de tomate, les jaunes d'œufs, le jambon haché, le gruyère râpé et la sauce soja.

Battre les blancs d'œufs en neige ferme et les incorporer délicatement à la préparation. Verser dans un moule à soufflé beurré. Faire cuire au four à 210 °C (th. 7), 35 minutes.

SOUFFLE AU JAMBON

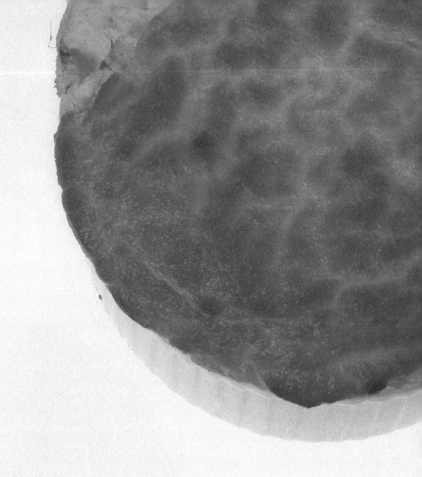

4 personnes.

Préparation : 15 mn.
Cuisson : 40 mn.

Ingrédients :
100 g de jambon blanc
60 g de beurre
40 g de maïzena
3 dl de lait
3 œufs
100 g de gruyère
Sel, poivre
Muscade.

Délayer la maïzena avec un peu de lait froid. Verser le tout en remuant sur le beurre chaud. Ajouter le reste de lait bouillant, le fromage râpé, le sel, le poivre et la muscade. Dès que la pâte est souple et lisse, la retirer du feu.

Après quelques minutes, incorporer un jaune d'œuf à la pâte puis un second et le troisième si nécessaire. La pâte ne doit pas devenir liquide. Ajouter le jambon haché puis les blancs battus en neige ferme. Verser la préparation dans un moule bien beurré.

Faire cuire au four à 180 °C, (th. 6), 25 minutes, puis à 240 °C, (th. 8), 15 minutes.

SOUFFLE AU FROMAGE

6 personnes.

Préparation : 15 mn.
Cuisson : 25 mn.

Ingrédients :
5 œufs
150 g de gruyère râpé
1/2 l de lait
110 g de farine
100 g de beurre
Sel, poivre
Muscade.

Faire une béchamel assez épaisse avec le beurre, la farine et le lait. Saler, poivrer et ajouter une pointe de muscade.

Après refroidissement, y incorporer les jaunes d'œufs, un à un, puis le fromage et enfin, délicatement, les blancs en neige.

Beurrer des ramequins et les remplir aux 3/4 avec la préparation. Faire cuire dans un four préalablement chauffé à 170 °C (th. 5-6).

SOUFFLE AUX RIS DE VEAU

XX ∞

6 personnes.

Préparation : 10 mn.
Cuisson : 40 mn.

Ingrédients :
50 g de beurre
60 g de farine
3 dl de lait
5 œufs
1 ris de veau cuit
1 gousse d'ail
50 g de gruyère
Sel, poivre.

Faire un roux avec le beurre et la farine. Mouiller avec le lait en remuant. Laisser épaissir quelques minutes. Ajouter la purée de ris, le gruyère râpé, l'ail haché finement et les jaunes d'œufs. Saler et poivrer.

Battre les blancs d'œufs en neige ferme et les incorporer délicatement à la préparation. Verser dans un moule à soufflé beurré. Faire cuire au four à 210 °C (th. 7), 30 minutes.

PETITS FLANS DE COURGETTES AUX MOULES

Faire suer l'échalote hachée finement dans un peu de beurre, ajouter les moules, le vin blanc, et cuire 5 minutes à couvert.

Décortiquer les moules. Filtrer et réserver l'eau de cuisson.

Cuire 5 minutes à la vapeur les courgettes épluchées partiellement détaillées en fines rondelles. Les mixer avec les œufs, la crème épaisse, le fromage râpé, sel et poivre.

Beurrer 4 petits ramequins, les remplir de l'appareil aux courgettes et les cuire 20 minutes environ au bain-marie à four moyen, 160 °C (th. 5-6), en recouvrant le dessus du plat d'un papier aluminium.

Réduire l'eau de cuisson des moules de moitié, ajouter la crème fleurette, laisser de nouveau réduire quelques instants et monter avec 40 g de beurre.

Hors du feu, ajouter les moules et quelques gouttes de jus de citron. Démouler les flans au milieu des assiettes chaudes et les entourer de la sauce aux moules en répartissant 6 moules sur chaque assiette.

6 personnes.

Préparation : 20 mn.
Cuisson : 30 mn.

Ingrédients :
4 petites courgettes
4 œufs
1 dl de crème
Gruyère râpé
24 moules
1 échalote
1 verre de vin blanc
1 dl de crème fleurette
70 g de beurre
Jus de citron
        Sel, poivre.

SAINT-JACQUES ET FLANS DE CRESSON A LA CREME DE SAFRAN

6 personnes.

Préparation : 20 mn.
Cuisson : 40 mn.

Ingrédients :
1 botte de cresson
4 œufs
1/2 l de lait
Sel, poivre
Muscade
600 g de noix de coquilles
Saint-Jacques
Sauce poisson (p. 12)
Safran.

Laver et blanchir le cresson à l'eau bouillante pendant 1 minute. Le mixer.

L'incorporer aux œufs battus et au lait. Saler et poivrer. Ajouter une pointe de muscade.

Mettre à cuire au bain-marie, à four moyen, 180 °C (th. 6), pendant 30 minutes, dans des moules individuels.

Saler et poivrer les coquilles Saint-Jacques. Les faire cuire dans une poêle bien chaude sans matières grasses.

Dresser les flans sur assiettes, garnir de coquilles Saint-Jacques et napper de sauce poisson à laquelle on aura ajouté le safran.

GATEAU CRECY

✕✕ ○

6 personnes.

Préparation : 40 mn.
Cuisson : 40 mn.

Ingrédients :
6 feuilles de chou vert
500 g de carottes
2 œufs
40 g de gruyère râpé
Sel, poivre
Muscade
Cumin moulu
1 cuil. à soupe d'herbes fraîches hachées (persil, cerfeuil, ciboulette)
Sauce tomate (p. 13).

Blanchir les feuilles de chou 5 minutes. Les rafraîchir et les égoutter. En tapisser un moule à tarte en faisant légèrement déborder les feuilles.

Cuire les carottes à la vapeur puis les hacher grossièrement. Ajouter les œufs battus, le fromage, l'assaisonnement et les herbes. Verser dans la tarte, recouvrir avec les feuilles de chou et faire cuire au four à 180 °C, (th. 6), pendant 30 minutes.

Démouler, tailler des parts et les servir sur assiette, entourées de sauce tomate.

GATEAU D'EPINARDS AUX OIGNONS

✗✗ ◯◯

6 personnes.

Préparation : 45 mn.
Cuisson : 45 mn.

Ingrédients :
300 g d'épinards frais
1 kg d'oignons
1 noix de margarine
200 g de champignons de Paris
Sel, poivre
Thym
2 œufs
1 dl de lait
Sauce tomate (p. 13).

Blanchir les épinards lavés. Les égoutter puis en tapisser un moule à tarte à fond amovible. Réserver des feuilles pour le dessus.

Cuire les oignons émincés avec la margarine en remuant souvent jusqu'à ce qu'ils deviennent translucides.

Laver et émincer les champignons. Les cuire avec une noix de margarine pour enlever toute l'eau de végétation. Les ajouter aux oignons ainsi que le lait, les œufs battus en omelette et l'assaisonnement. Verser le tout dans la tarte, recouvrir de feuilles d'épinards et faire cuire au four, à 180 °C (th. 6), 30 minutes.

Pour servir, tailler des parts. Dresser sur assiette et entourer de sauce tomate.

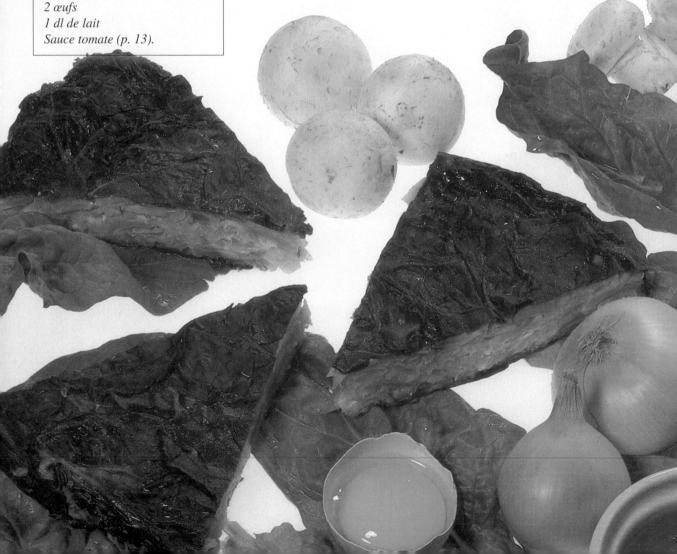

RILLETTES DE POULE

8 personnes.

Préparation : 20 mn.
Cuisson : 3 h.

Ingrédients :
800 g de chair de poule
300 g de petit salé
1 l de vin blanc sec
Sel, poivre
Thym
5 cl d'huile.

Dorer les morceaux de poule à l'huile dans une cocotte. Jeter la graisse, ajouter 75 cl de vin, le petit salé en cubes. Assaisonner, couvrir et enfourner à 150 °C, (th. 5). Cuire 2 heures.

Ajouter le reste de vin et poursuivre la cuisson 1 heure.

Effilocher la viande à l'aide d'une fourchette et verser la préparation dans une terrine. Mettre au frais.

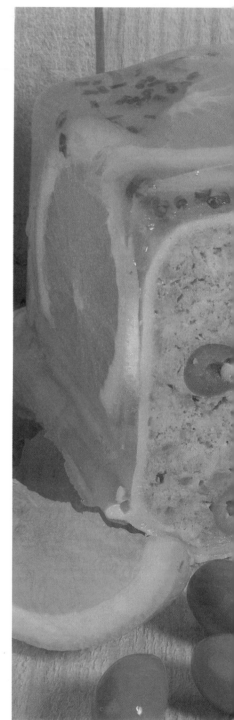

RILLETTES DU MANS

8 personnes.

Préparation : 30 mn.
Cuisson : 4 h.
Repos : 24 h.

Ingrédients :
400 g de porc maigre
600 g de gras de porc
Sel, poivre
Epices
1 feuille de laurier
1 clou de girofle.

Couper la viande en petits dés et y mêler tous les assaisonnements. Faire cuire pendant 4 heures en remuant souvent. Récupérer la graisse et la mettre de côté. Ecraser la viande à la fourchette.

Verser le mélange dans des pots en grès, ajouter un peu de graisse dans chaque et recouvrir d'une feuille de papier sulfurisé.

Laisser refroidir et attendre 24 heures avant de servir.

PATE DE CAMPAGNE

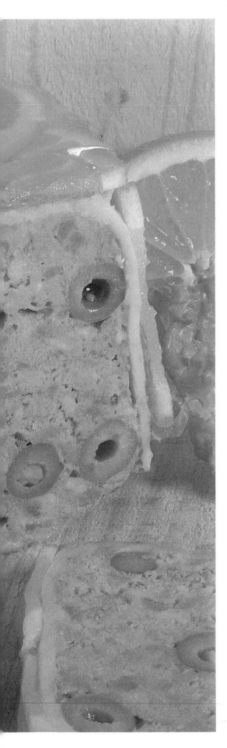

XX OO

6 personnes.

Préparation : 35 mn.
Marinade : 1 h.
Cuisson : 2 h.

Ingrédients :
500 g de quasi de veau
100 g de jambon cuit
150 g de lard gras
400 g de collet de porc
4 fines bardes de lard
1 verre de vin blanc sec
Sel, poivre
Thym, laurier
2 œufs
100 g d'olives vertes
dénoyautées
200 g de farine
1 sachet de gelée
Fines herbes
1 orange.

Hacher grossièrement le veau, le porc, le lard gras, le jambon. Ajouter les œufs, les olives, le vin, du sel, du poivre. Laisser mariner 1 heure.

Foncer une terrine avec des bardes. Remplir la terrine avec la préparation égouttée. Couvrir d'une barde, de thym, de laurier. Poser le couvercle et le luter avec de la pâte épaisse faite avec de la farine et de l'eau. Faire cuire au bain-marie au four, à 180 °C, (th. 6), pendant 2 heures.

Quand la terrine a légèrement refroidi, vider la graisse puis, après complet refroidissement, sortir la viande et nettoyer la terrine.

Préparer la gelée en utilisant du vin blanc et en couler dans la terrine bien froide. Répartir des rondelles fines d'orange et des fines herbes.

Poser la viande dessus et insérer des tranches d'orange entre la viande et les parois. Verser de la gelée jusqu'à couvrir la viande.

Faire prendre complètement au réfrigérateur.

Foncer la terrine avec les bardes.

Poser le couvercle et le luter avec de la pâte épaisse.

TERRINE DE LAPIN

✕ ⚭

6 personnes.

Préparation : 20 mn.
Repos : 24 h.
Cuisson : 2 h.

Ingrédients :
1 lapin
100 g de lard maigre salé (non fumé)
2 oignons
2 échalotes
Persil
1/2 feuille de laurier
1 branche de thym
1 tranche de mie de pain
1 dl de lait
1 dl de vin blanc sec
1 œuf
4 bardes
Sel, poivre.

Désosser le lapin. Hacher la chair, le lard, les oignons, les échalotes, le persil et le laurier. Bien mélanger. Ajouter la mie de pain trempée dans le lait et égouttée, l'œuf, le vin, le sel et le poivre. Malaxer pour rendre homogène.

Tapisser la terrine avec les bardes de lard et la remplir avec le hachis. Couvrir avec une barde, la branche de thym et le couvercle.

Faire cuire au bain-marie, au four, à 120 °C (th. 6), 2 heures. Laisser refroidir puis mettre 24 heures au réfrigérateur.

TERRINE DE LIEVRE AUX CERISES

6 personnes.

Préparation : 40 mn.
Repos : 12 h.
Cuisson : 1 h.

Ingrédients :
1 lièvre
20 cerises au vinaigre
2 dl de vinaigre de cidre
1/2 l de bouillon de volaille
5 feuilles de gélatine
1 bouquet garni
1 œuf
20 g de beurre
1 cuil. d'huile
Sel, poivre.

Faire dorer le lièvre coupé en morceaux dans la matière grasse. Retirer les morceaux et la graisse et remettre la viande dans la casserole. Saler, poivrer, mouiller avec le vinaigre et le bouillon à hauteur de la viande. Ajouter le bouquet garni. Faire frémir pendant 40 minutes.

Enlever le bouquet garni et la viande.

Désosser et couper le lièvre en morceaux. Alterner ces morceaux et les cerises dénoyautées dans un moule en pyrex.

Faire dissoudre les feuilles de gélatine préalablement ramollies à l'eau froide, dans le liquide de cuisson très chaud. Ajouter le blanc d'œuf battu avec la coquille concassée. Après 5 minutes d'ébullition, filtrer.

Verser cette gelée sur la viande et faire refroidir 12 heures au réfrigérateur.

TERRINE DE CANARD

✗ ⬭⬭⬭

8 personnes.

Préparation : 30 mn.
Cuisson : 1 h 30 mn.

Ingrédients :
1 canard
300 g de veau
300 g de lard frais
1 échalote
2 œufs
5 cl d'armagnac
1 dl de porto
1 branche de thym
100 g d'olives vertes
dénoyautées
4 bardes de lard
1 crépine
Sel, poivre
4 épices.

Désosser le canard et hacher toute la viande. Ajouter l'échalote émincée, les œufs battus, le sel, le poivre et les 4 épices.

Garnir les parois de la terrine de bardes. Poser la crépine dessus. Verser le hachis en répartissant les olives. Replier la crépine sur le tout. Mettre à cuire au bain-marie au four à 180 °C, (th. 6), 1 heure 30 minutes.

Faire cuire les os de canard avec le thym dans le porto et l'armagnac. A la sortie du four, verser le liquide de cuisson filtré dans la terrine.

TERRINE DE CANARD AUX NOISETTES

6 personnes.

Préparation : 1 h.
Marinade : 2 h.
Cuisson : 1 h 35 mn.

Ingrédients :
1 canard
250 g de noisettes
200 g de veau
200 g de collet de porc
6 bardes de lard
Sel, poivre
1 sachet de gelée
4 épices
4 feuilles de laurier fraîches
2 dl de vin blanc sec
2 œufs.

Désosser le canard. Couper les magrets et les cuisses en lanières. Hacher la peau et le reste de la chair du canard avec le veau et le porc. Ajouter le sel, le poivre et une pincée de 4 épices. Incorporer 1 dl de vin et faire mariner 2 heures avec 2 feuilles de laurier.

Faire griller les noisettes à la poêle pour enlever la pellicule brune. En réserver la moitié, hacher le reste.

Malaxer la viande avec les noisettes hachées et les œufs battus. Vérifier l'assaisonnement.

Tapisser les parois d'une terrine avec 5 bardes. Répartir au fond une couche de farce, des lanières de canard, quelques noisettes, une couche de farce, de canard, puis de farce.

Verser le reste de vin, poser la barde restante. Couvrir.

Faire cuire au bain-marie, au four, à 180 °C (th. 6), 1 heure 30 minutes. A la sortie du four, faire couler la graisse.

Après refroidissement de la terrine, répartir quelques noisettes, 2 feuilles de laurier et napper de gelée liquéfiée. Laisser prendre au frais plusieurs heures.

TERRINE DE FOIE GRAS

8 personnes.

Préparation : 1 h 15 mn.
Cuisson : 45 mn.
Repos : 12 h.

Ingrédients :
1 foie d'oie de 700 g environ
20 g de sel épicé
4 cl de très bon cognac
300 g de porc maigre
300 g de veau maigre
1 dl de crème fraîche
80 g de mie de pain
Crépine.

Enlever le fiel et dénerver soigneusement le foie gras. L'assaisonner minutieusement avec 14 g de sel épicé. Le disposer dans une terrine arrosé avec 2 cl de cognac. Couvrir et laisser reposer une nuit au frais.

Le lendemain, mixer le porc, le veau, la mie de pain, la crème, le reste de cognac et de sel épicé.

Garnir une terrine avec la crépine puis avec les 3/4 de la farce. Ajouter le foie. Presser. Boucher avec le reste de farce. Tasser légèrement. Poser le couvercle. Cuire au four à 140 °C, (th. 4-5), au bain-marie, pendant 45 minutes.

Laisser refroidir. Servir avec des tranches de pain légèrement grillées.

TERRINE DE FOIE GRAS FRAIS

6 personnes.

Préparation : 15 mn.
Marinade : 24 h.
Cuisson : 45 mn.

Ingrédients :
1 foie de 700 g
10 g de sel
10 cl de porto
5 cl de cognac ou d'armagnac
Fines bardes
Quelques toasts.

Séparer les lobes du foie et l'ouvrir en 10 ou 12 morceaux environ. Oter les veines principales. Mettre les morceaux de foie salés à macérer au frais dans le porto et l'armagnac pendant 24 heures.

Placer le foie dans la terrine et tasser pour qu'il n'y ait plus d'air entre les morceaux. Recouvrir de fines bardes et placer le couvercle sur la terrine.

Préparer un bain-marie à 70°. L'eau doit arriver juste au-dessous du couvercle. Faire pocher pendant 30 à 40 minutes au four, 150 °C (th. 5).

Enlever le couvercle et les bardes. Il doit y avoir sur le foie une fine couche de graisse fondue et claire. Laisser refroidir en plaçant une planchette surmontée d'un poids de 1 kg.

Servir bien frais avec des toasts, du pain paysan ou de la baguette bien fraîche.

TERRINE DU PRINTEMPS

6 personnes.

Préparation : 30 mn.
Cuisson : 10 mn.
Repos : 24 h.

Ingrédients :
4 courgettes très fines
10 petites carottes nouvelles
300 g de haricots verts fins
200 g de petits pois écossés
2 dl de crème fluide
200 g de fromage frais
Fines herbes
3 feuilles de gélatine
Coulis de tomate (p. 13).

Laver les légumes sauf les pois. Gratter les carottes. Effiler les haricots. Couper les carottes et les courgettes en 4. Faire cuire séparément ces légumes à la vapeur 7 minutes. Les égoutter sur du papier absorbant.

Hacher les herbes et les ajouter au fromage frais et à la crème battus ensemble.

Faire ramollir à l'eau les feuilles de gélatine, la dissoudre dans 1 dl de jus de cuisson des légumes et l'ajouter au mélange.

Dans un moule à cake, alterner des couches de légumes et de la préparation au fromage. Faire prendre au réfrigérateur 24 heures.

Servir accompagné de coulis.

TERRINE D'EPINARDS ET DE CAROTTES

6 personnes.

Préparation : 40 mn.
Cuisson : 1 h 20 mn.

Ingrédients :
500 g de carottes + 2
1 kg d'épinards
3 dl de crème
8 œufs
Sel, poivre
Sauce au cresson (p. 13).

Laver soigneusement les épinards et les faire fondre à feu vif jusqu'à évaporation totale du liquide. Les mixer, leur ajouter 4 œufs et 1,5 dl de crème.

Peler les carottes et les faire cuire à l'eau bouillante salée. Réserver les 2 carottes et mixer les autres. Ajouter 4 œufs et le reste de crème. Saler et poivrer.

Verser la purée de carotte dans un moule à cake en pyrex beurré, ranger les 2 carottes réservées dessus, couvrir avec la purée d'épinard.

Faire cuire la terrine au bain-marie, au four, à 210 °C (th. 7), 1 heure. Laisser refroidir.

Servir accompagné de sauce au cresson.

TERRINE AUX LEGUMES

×× ○

6 personnes.

Préparation : 30 mn.
Cuisson : 45 mn.

Ingrédients :
500 g de carottes
300 g de pommes de terre
100 g de céleri-rave
500 g de brocoli
3 cuil. à soupe de fécule
3 cuil. à soupe de lait
1 cuil. à soupe de crème
1 œuf
Sel, poivre
10 g de beurre.

Faire cuire séparément à la vapeur les carottes pelées et coupées en rondelles, les pommes de terre avec le céleri et le brocoli. Bien les égoutter.

Mixer séparément les légumes pour obtenir 3 purées d'une couleur différente.

Battre l'œuf avec la fécule, le lait et la crème. Ajouter à chacune 1/3 du mélange. Rectifier l'assaisonnement. Verser ces 3 purées en couches dans un moule en pyrex beurré.

Faire cuire au bain-marie, au four, à 210 °C, (th. 7), 35 minutes.

Laisser reposer quelques minutes avant de démouler.

POULET EN CHAUD-FROID

La veille, faire cuire les ingrédients du bouillon 1 heure dans 3 l d'eau. Y pocher le poulet 40 minutes. Le laisser refroidir.

Le lendemain, découper le poulet et enlever la peau.

Faire un roux blond avec le beurre et la farine, mouiller avec 7 dl de bouillon. Laisser cuire 5 minutes, ajouter le sachet de gelée ainsi que la crème et les jaunes d'œufs battus. Chauffer pour épaissir, sans faire bouillir. Laisser refroidir.

Avant que le mélange ne prenne, y tremper les morceaux de poulet. Les décorer de rondelles de truffes ou de carottes. Laisser prendre sur une grille puis arroser d'un peu de sauce.

Poser les morceaux sur un plat, décorer avec des rondelles d'œufs durs et les cornichons.

XXX ∞

6 personnes.

Préparation : 45 mn.
Cuisson : 1 h 50 mn.
Repos : 12 h.

Ingrédients :
1 poulet
2 œufs durs
Cornichons
1 truffe
75 g de farine
65 g de beurre
2 jaunes d'œufs
1 sachet de gelée
20 cl de crème fraîche.

Bouillon :
1 pied de veau blanchi
3 carottes
2 navets
1 poireau
1 oignon piqué de 2 clous de girofle
Persil
Sel, poivre
Thym.

TETE DE VEAU VINAIGRETTE

✗○

2 personnes.

Préparation : 15 mn.
Cuisson : 2 h.

Ingrédients :
500 g de tête de veau roulée
2 grosses carottes
6 petites pommes de terre
1 oignon
1 feuille de laurier
20 cl de vin blanc
1 demi-citron
Fines herbes.

Vinaigrette :
1 cuil. à soupe de moutarde
6 cuil. à soupe d'huile
2 cuil. de vinaigre
Sel, poivre.

Blanchir la tête de veau 5 minutes. La rafraîchir puis la mettre à cuire 1 heure 30 minutes dans 3 l d'eau salée, avec le jus du demi-citron, le vin blanc, le laurier, l'oignon et 2 carottes en rondelles.

Peler et faire cuire les pommes de terre à la vapeur.

Servir la tête de veau entourée des pommes de terre et des rondelles de carotte. Saupoudrer de fines herbes. Servir avec la vinaigrette préparée en mélangeant tous les ingrédients.

MOUCLADE

6 personnes.

Préparation : 45 mn.
Cuisson : 15 mn.

Ingrédients :
3 kg de moules
3 dl de vin blanc sec
6 échalotes
4 gousses d'ail
1 bouquet de persil
Poivre
Beurre
1 dl de crème fraîche
2 jaunes d'œufs
Une pointe de safran.

Bien gratter les moules et les laver sous l'eau courante. Eliminer celles qui sont ouvertes.

Faire dorer au beurre les échalotes hachées, dans une casserole à fond plat. Ajouter ail pilé, poivre et persil haché. Mouiller avec le vin blanc. Y faire ouvrir les moules à feu vif en remuant (ajouter un peu de vin blanc si nécessaire).

Retirer les moules et leur ôter une coquille sur deux avant de les disposer soigneusement sur le plat de service. Filtrer l'eau. Eliminer celles qui ne sont pas ouvertes.

Lier la cuisson des moules avec les jaunes d'œufs et la crème, sans laisser bouillir. Parfumer avec le safran.

Napper les moules de cette sauce et servir très chaud.

MOULES MARINIERES

6 personnes.

Préparation : 30 mn.
Cuisson : 10 mn.

Ingrédients :
3,5 kg de moules
100 g de beurre
3 dl de vin blanc
100 g d'échalotes
50 g de persil
Poivre.

Gratter et laver les moules à plusieurs eaux.

Porter à ébullition le vin blanc avec le beurre, les échalotes ciselées, le persil concassé et le poivre. Ajouter les moules. Ne pas saler. Cuire à couvert, sur feu vif, environ 10 minutes.

Débarrasser les moules à l'écumoire dans une soupière.

Verser le fond de cuisson sur les moules en prenant soin de ne pas mettre le sable. Parsemer de persil haché.

PALOURDES FARCIES

6 personnes.

Préparation : 40 mn.
Cuisson : 10 mn.

Ingrédients :
6 douzaines de palourdes
Chapelure
Gros sel.

Beurre d'escargots :
250 g de beurre
20 g d'ail
25 g de persil haché
12 g de sel
Poivre
1 filet de pastis.

Duxelles :
200 g de champignons
50 g d'échalotes
1 dl de vin blanc
Le jus de 2 citrons
50 g de beurre.

Mixer les éléments du beurre d'escargots.

Ouvrir les palourdes. Garnir les coquilles creuses de duxelles. Poser la palourde, la couvrir de beurre d'escargots et la parsemer de chapelure.

Placer les palourdes sur la plaque du four couverte de gros sel. Cuire au four à 200 °C (th. 6-7), pendant 10 minutes.

SAINT-JACQUES VAPEUR

✂✂ ◯◯◯

4 personnes.

Préparation : 20 mn.
Cuisson : 15 mn.

Ingrédients :
8 coquilles Saint-Jacques
Persil
6 échalotes
4 cuil. à soupe de chapelure
2 cl de madère
20 g de beurre fondu
1 citron
Sel, poivre.

Laver et brosser les coquilles Saint-Jacques, les faire ouvrir à la vapeur 4 minutes.

Détacher les noix, les ébarber. Laver abondamment les coquilles creuses et les médaillons de Saint-Jacques. Saler, poivrer. Les replacer dans 4 coquilles.

Les disposer sur un plat entrant dans un compartiment vapeur. Disperser sur chaque coquille du persil, de l'échalote finement hachée, de la chapelure. Arroser du madère et de beurre fondu. Couvrir d'une feuille d'aluminium. Cuire à la vapeur 10 minutes.

Servir les coquilles arrosées de jus de citron.

NOIX DE SAINT-JACQUES AU SABAYON DE MADERE

4 personnes.

Préparation : 15 mn.
Cuisson : 10 mn.

Ingrédients :
12 noix de coquilles Saint-Jacques
Le jus d'1 citron
2 dl de vin blanc
3 échalotes
100 g de melon
Cerfeuil
Sel, poivre.

Sabayon :
2 jaunes d'œufs
4 cl de madère.

Mélanger le madère et les jaunes d'œufs dans une casserole. Fouetter jusqu'à ce que le mélange devienne mousseux. Poursuivre au bain-marie. Le mélange doit tripler de volume. Laisser reposer.

Porter à ébullition le vin blanc, le jus de citron, le sel, le poivre et les échalotes. Y plonger les coquilles Saint-Jacques 3 minutes. Les réserver au chaud.

Réduire le liquide de cuisson aux 2/3 et l'incorporer au sabayon. Assaisonner.

Napper le fond de l'assiette de sabayon. Y déposer les coquilles Saint-Jacques. Décorer de pluches de cerfeuil et de petites billes de melon cuites 2 minutes à l'eau bouillante.

CRABE AU COGNAC

TOURTEAUX GRATINES

4 personnes.

Préparation : 10 mn.
Cuisson : 15 mn.

Ingrédients :
300 g de chair de crabe
100 g de champignons de Paris
Le jus d'1/2 citron
1 oignon
3 tomates
3 cuil. à soupe de cognac
4 cuil. à soupe de crème
Sel, poivre de Cayenne
Persil
Ciboulette.

Emincer les champignons nettoyés. Les faire suer avec le jus de citron, sans matières grasses, pendant 5 minutes.

Ajouter l'oignon émincé et les tranches de tomates mondées. Poursuivre la cuisson 5 à 10 minutes.

Incorporer le crabe en gros morceaux. Assaisonner. Laisser chauffer doucement.

Avant de servir, ajouter la crème fraîche. Faire bouillir 1 minute. Saupoudrer de persil et de ciboulette hachés puis verser le cognac. Servir aussitôt dans des assiettes chaudes.

---

4 personnes.

Préparation : 30 mn.
Cuisson : 1 h.

Ingrédients :
2 tourteaux
2 dl de vin blanc
1 bouquet garni
1 échalote
4 champignons
1 oignon
2 carottes
5 cl de crème fraîche
50 g de beurre
30 g de gruyère râpé
15 cl de béchamel épaisse
(p. 13)
1 court-bouillon (p. 12).

Faire cuire les tourteaux dans le court-bouillon 25 minutes par kilo. Sortir la chair et la partie crémeuse de la carapace. Hacher la chair et la mélanger à la partie crémeuse écrasée à la fourchette.

Faire réduire de moitié le vin additionné du bouquet garni, de l'échalote hachée et des champignons émincés.

Couper l'oignon et les carottes en très petits dés et les faire revenir dans 20 g de beurre sans les laisser roussir.

Mouiller la béchamel avec 1 dl de court-bouillon puis le vin. Ajouter la mirepoix et la crème. Rectifier l'assaisonnement. Incorporer la chair des tourteaux. Laisser mijoter 5 minutes en mélangeant.

Remplir les carapaces avec la préparation. Saupoudrer de gruyère. Parsemer de copeaux de beurre.

Faire gratiner 15 minutes sous le gril.

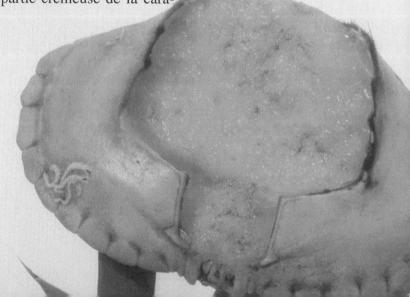

PETITS GRATINS DE CRABE

✄ ∞

4 personnes.

Préparation : 15 mn.
Cuisson : 25 mn.

Ingrédients :
250 g de crabe au naturel
150 g de lard fumé
2 oignons
3 gousses d'ail
75 g de beurre
100 g de mie de pain
1 dl de lait
2 cuil. de chapelure
1 petit piment
rouge.

Faire tremper la mie de pain dans le lait. L'écraser.

Hacher finement le lard, les oignons et l'ail. Les faire revenir dans 40 g de beurre. Retirer les cartilages du crabe. L'émietter et l'ajouter au hachis. Laisser mijoter 5 minutes. Ajouter le piment écrasé et le pain. Assaisonner.

Répartir la préparation dans 4 petits ramequins beurrés. Saupoudrer de chapelure et parsemer de copeaux de beurre. Faire gratiner 10 minutes au four à 240 °C (th. 8).

CANAPES DE CREVETTES AMIRAL

4 personnes.

Préparation : 6 mn.

Ingrédients :
4 tranches de pain de mie
30 g de beurre
20 g de pâte de crevettes
200 g de crevettes décortiquées
4 feuilles de laitue
1 petit pot d'œufs de lump
Le jus d'1 citron
Poivre.

Travailler le beurre en pommade avec la pâte de crevettes. En tartiner les canapés.

Couper les feuilles de laitue en chiffonnade. La répartir sur les canapés.

Concasser légèrement les crevettes. Les mélanger avec les œufs de lump. Arroser du jus de citron. Poivrer. Garnir les canapés. Servir frais.

CROUTES DE CREVETTES JOINVILLE

4 personnes.

Préparation : 8 mn.
Cuisson : 12 mn.

Ingrédients :
4 croûtes
150 g de crevettes décortiquées
100 g de champignons de Paris
60 g de beurre
15 g de farine
1 citron
1 dl de crème fraîche
2,5 cl de cognac
Sel, poivre.

Nettoyer les champignons. Les couper en cubes. Les citronner. Les cuire à couvert dans 15 g de beurre. Les saler. Les égoutter. Réserver leur cuisson.

Chauffer 15 g de beurre. Y faire revenir les crevettes. Flamber au cognac. Saupoudrer avec la farine. Mouiller avec la crème et la cuisson des champignons. Assaisonner. Laisser mijoter 2 à 3 minutes.

Enduire les croûtes du beurre restant. Les faire dorer au four.

Répartir la préparation aux crevettes dans les croûtes. Servir aussitôt.

TOASTS MIGNON

✗ O

4 personnes.

Préparation : 8 mn.
Cuisson : 2 mn.

Ingrédients :
4 tranches de pain de mie carré
grillées
1 tomate moyenne
4 fonds d'artichaut cuits
150 g de crevettes décortiquées
2 dl de sauce mayonnaise (p. 18)
1 cuil. à soupe de fines herbes
hachées (persil, ciboulette,
estragon)
1 citron
Sel, poivre
Piment de Cayenne moulu.

Monder la tomate. Retirer les graines. Concasser la chair.

Mélanger les fonds d'artichaut coupés en petits cubes avec les crevettes, la mayonnaise, la tomate, les fines herbes. Rehausser l'assaisonnement de piment de Cayenne.

Répartir la préparation sur les toasts. Décorer de tranches de citron pelées à vif.

POELEE DE CREVETTES

4 personnes.

Préparation : 10 mn.
Cuisson : 20 mn.

Ingrédients :
800 g de crevettes roses
600 g de tomates
Gingembre en poudre
Sel
Persil.

Emonder les tomates. Les faire cuire 10 minutes dans une poêle jusqu'à ce qu'elles soient réduites en purée. Ajouter une cuillerée à café de gingembre et les crevettes décortiquées. Saler légèrement.

Couvrir et poursuivre la cuisson 10 à 15 minutes. Saupoudrer de persil haché et servir aussitôt.

LANGOUSTINES ROTIES

4 personnes.

Préparation : 15 mn.
Cuisson : 5 mn.

Ingrédients :
20 langoustines
40 g de beurre
2 cuil. à soupe de crème
2 échalotes
1 citron
Cerfeuil
Sel, poivre.

Faire fondre les échalotes hachées avec le beurre. Ajouter le jus de citron. Saler, poivrer. Porter à ébullition, incorporer la crème fraîche et le cerfeuil haché.

Couper les langoustines en deux dans le sens de la longueur. Les poser dans un plat allant au four et les assaisonner. Faire cuire 2 minutes à four très chaud.

Les disposer sur un plat et napper avec la sauce.

ECREVISSES
A LA NAGE

⚔ ⟨⟨⟩⟩

4 personnes.

Préparation : 15 mn.
Cuisson : 20 mn.

Ingrédients :
2 douzaines d'écrevisses
3 dl de vin blanc
3 carottes
6 échalotes
1 oignon
Estragon
Sel, poivre
Thym
Laurier
Piment séché.

Eplucher et laver les légumes. Emincer les carottes, les échalotes et l'oignon. Les faire étuver quelques instants.

Les mouiller au vin blanc. Ajouter l'estragon, le piment séché, le thym, le laurier, le sel et le poivre en grains. Faire réduire le bouillon de moitié.

Y faire cuire, à couvert, pendant 12 minutes, les écrevisses châtrées.

Servir très chaud avec un peu de jus de cuisson.

AUMONIERES DE CREPE AUX GAMBAS

Décortiquer les gambas et les réserver.

Faire revenir les carapaces sans graisse dans une casserole, avec la garniture aromatique. Ajouter 1 l de fumet de poisson, les tomates coupées en quartiers et la tomate concentrée. Faire cuire une demi-heure.

Mixer le tout, passer au chinois et remettre sur le feu. Lier avec le beurre manié, ajouter le lait. Rectifier éventuellement l'assaisonnement. Réserver la sauce au bain-marie.

Pocher les gambas avec le fumet de poisson restant. Arrêter la cuisson aux premiers frémissements.

Chauffer la julienne de légumes.

Poser une crêpe par assiette. Ajouter un peu de julienne au milieu, puis 2 gambas. Fermer la crêpe en aumônière à l'aide d'une branche de ciboulette.

Entourer de sauce, répartir le restant des gambas tout autour, décorer d'une branche d'aneth.

4 personnes.

Préparation : 1 h 30 mn.
Cuisson : 30 mn.

Ingrédients :
600 g de gambas
1 oignon
1 carotte
1 feuille de laurier
1 branche de persil
1,2 l de fumet de poisson (p. 12)
1 cuil. à soupe de concentré de tomate
200 g de tomates
30 g de beurre manié
1 dl de lait écrémé
Sel, poivre de Cayenne
200 g de julienne de légumes cuits
4 crêpes (p. 10)
Ciboulette
Aneth.

GRATIN DE FRUITS DE MER

6 personnes.

Préparation : 40 mn.
Cuisson : 30 mn.

Ingrédients :
6 langoustines
2 kg de moules
6 coquilles Saint-Jacques
75 g de beurre
40 g de farine
1/2 l de lait
15 cl de crème fraîche
Court-bouillon (p. 12)
2 gousses d'ail
Persil
25 g de chapelure
50 g de comté
Sel, poivre.

Cuire les langoustines 8 minutes dans le court-bouillon. Les égoutter et les décortiquer.

Ouvrir les coquilles Saint-Jacques. Les faire dorer 8 minutes dans 25 g de beurre avec l'ail et le persil haché.

Nettoyer les moules. Les faire ouvrir à feu vif et les sortir de leur coquille.

Faire un roux blond avec 50 g de beurre et la farine. Mouiller avec le lait. Remuer et laisser épaissir 10 minutes à feu doux. Saler, poivrer et ajouter la crème.

Répartir les langoustines, les coquilles Saint-Jacques et les moules dans un plat à gratin beurré. Napper de sauce. Saupoudrer de chapelure et de comté râpé.

Faire gratiner à 240 °C, (th. 8), 20 minutes.

GRAVAD LAX

XX OOO

12 personnes.

Préparation : 1 h.
Repos : 3 jours.

Ingrédients :
1 saumon cru de 2 kg
1 gros bouquet d'aneth
200 g de gros sel gris
200 g de sucre
1 poignée de poivre en grains
mélangés
1 verre d'aquavit
1 citron.

Sauce :
2 cuil. à soupe de moutarde
savora
400 g de crème fraîche épaisse
Poivre moulu
Aneth ciselé.

Lever les 2 filets de saumon. Oter les arêtes qui peuvent rester avec une pince à épiler.

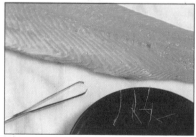

Frotter largement les deux morceaux de saumon avec l'alcool.

Piler grossièrement le poivre en grains, le mélanger au gros sel et au sucre en poudre. Tartiner les deux morceaux de saumon avec ce mélange. Les ranger dans un plat en intercalant avec une couche d'aneth frais.

Couvrir d'un film étirable. Mettre au réfrigérateur et le tourner deux fois par jour. Le troisième jour, mettre le plat 30 minutes au freezer ou, mieux encore, 10 minutes au congélateur.

Le couper en tranches aussi fines que possible. Les disposer joliment dans un plat avec des tranches de citron.

Servir accompagné de sauce (la proportion de moutarde est affaire de goût) et de toasts grillés chauds.

COQUILLES DE THON

6 personnes.

Préparation : 20 mn.
Cuisson : 25 mn.

Ingrédients :
1 kg d'épinards
200 g de thon au naturel
30 g de beurre
50 g de farine
25 cl de lait
100 g de gruyère râpé
Sel, poivre.

Trier et laver les épinards. Les faire cuire à l'eau bouillante salée 10 minutes. Les égoutter et les presser pour en exprimer l'eau. Les hacher.

Garnir le fond de 6 coquilles Saint-Jacques d'épinards. Répartir le thon en morceaux dessus.

Faire un roux blond avec le beurre et la farine. Mouiller avec le lait, en remuant, et laisser cuire 5 minutes. Hors du feu, ajouter la moitié du gruyère râpé. Poivrer, saler.

Napper les coquilles de sauce. Les saupoudrer de gruyère râpé et parsemer de noisettes de beurre.

Faire gratiner à 240 °C (th. 8), 10 minutes.

TERRINE DE THON

XX OO

6 personnes.

Préparation : 45 mn.
Repos : 24 h.
Cuisson : 1 h 35 mn.

Ingrédients :
1 kg de thon frais
300 g de carottes
1 poivron rouge
1 poivron vert
2 cuil. à café de basilic haché
3 œufs
20 g de beurre
Sauce mayonnaise (p. 18)
Sel, poivre.

Lever les filets de thon et les couper en tranches.

Peler les poivrons grillés. Les couper en fines lanières. Détailler les carottes en bâtonnets et les faire pocher 5 minutes. Battre les œufs, ajouter le basilic, le sel, le poivre et les légumes.

Répartir les tranches de poisson et la préparation aux œufs dans une terrine beurrée. Faire cuire au bain-marie, au four, à 210 °C (th. 7), 1 heure 30 minutes.

Laisser refroidir 24 heures et servir accompagné de mayonnaise.

MOUSSELINE DE PERCHE
A LA TOMATE ET A L'ESTRAGON

4 personnes.

Préparation : 40 mn.
Cuisson : 35 mn.

Ingrédients :
150 g de chair de perche
1 œuf entier
3 jaunes d'œufs
15 cl de lait
15 cl de crème épaisse
400 g de tomates
1 gousse d'ail
1 petit oignon nouveau
1/2 feuille de laurier
25 cl de crème fleurette
4 feuilles d'estragon
20 g de beurre
Sel, poivre.

Mixer finement la chair de perche avec les œufs puis la crème et le lait. Assaisonner.

Beurrer 4 moules individuels. Y répartir le mélange et les faire cuire au bain-marie, à four moyen, à 150 °C (th. 5), 30 minutes en les couvrant d'aluminium.

Mixer les tomates pelées et épépinées.

Ajouter le laurier, l'ail pilé et l'oignon. Faire réduire de moitié. Passer, ajouter la crème, assaisonner et ajouter l'estragon finement ciselé. Hors du feu, incorporer le beurre très froid coupé en dés.

Napper le fond des assiettes chaudes de sauce tomate. Y démouler les mousselines et les décorer de petits dés de tomate et d'un petit morceau d'estragon.

CREPES AU JAMBON

6 personnes.

Préparation : 10 mn.
Cuisson : 10 mn.

Ingrédients :
12 crêpes (p. 10)
30 g de beurre
250 g de jambon blanc
1/4 l de béchamel (p. 13)
1 boîte de champignons de
Paris
Persil
Feuilles de laitue
Sel, poivre.

Couper le jambon en petits dés.

Faire dorer les champignons émincés au beurre, ajouter le jambon, laisser étuver. Incorporer le persil haché, le sel, le poivre et la béchamel.

Garnir les crêpes de la préparation. Les servir avec quelques feuilles de salade.

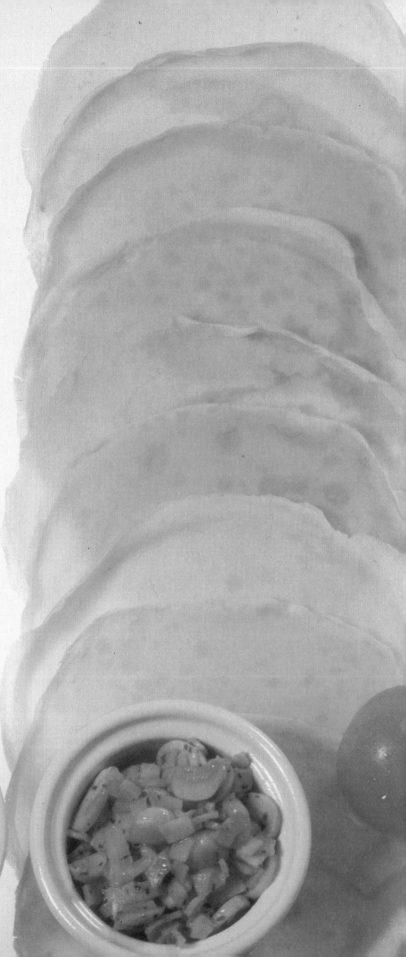

CREPES A LA PIPERADE

Faire revenir l'oignon haché à l'huile d'olive, ajouter les poivrons lavés et coupés en petites lamelles, les tomates pelées et concassées. Laisser cuire à feu doux en remuant 30 minutes.

Battre les œufs dans une terrine. Saler, poivrer, ajouter le persil haché. Verser cette préparation sur les légumes et faire cuire en remuant.

Chauffer les tranches de jambon au four dans du papier aluminium. Garnir chaque crêpe d'une demi-tranche de jambon et d'une cuillerée de piperade. Les rouler.

Disposer les crêpes dans un plat beurré, napper de sauce tomate, saupoudrer de gruyère et faire gratiner à 240 °C (th. 8).

CREPES ROULEES

Piquer les saucisses, les faire pocher 10 minutes.

Tartiner chaque crêpe avec de la moutarde et du gruyère râpé, poser une saucisse dessus et rouler. Placer dans un plat beurré. Parsemer de gruyère et de noisettes de beurre.

Avant de servir, passer au four à 180 °C, (th. 6), 15 minutes.

ACRAS DE MORUE

Mélanger la farine, la levure, le sel et de l'eau pour obtenir une pâte à beignets légère. Laisser reposer 1 heure.

Faire pocher la morue 15 minutes dans le court-bouillon frémissant. L'égoutter. Prélever les chairs, les piler en ajoutant un peu d'huile d'olive, l'échalote et le piment broyés.

Mélanger le tout avec la pâte à beignets et la ciboulette ciselée. Former de petites boules et les faire cuire dans la friture très chaude.

6 personnes.

Préparation : 25 mn.
Cuisson : 30 mn.
Repos : 1 h.

Ingrédients :
300 g de morue dessalée
1 court-bouillon (p. 12)
3 cuil. d'huile d'olive
1 piment rouge
1 échalote
Ciboulette
150 g de farine
1 demi-sachet de levure
Sel.

BEIGNETS DE GRENOUILLES

4 personnes.

Préparation : 15 mn.
Cuisson : 15 mn.
Macération : 1 h.

Ingrédients :
48 cuisses de grenouilles
Sel, poivre
Persil
2 citrons
1 échalote
Vinaigre
1 verre de vin blanc
50 g de beurre
1 verre de chapelure
2 œufs.

Faire macérer les grenouilles 1 heure avec du sel, du poivr , du persil haché, un filet de vi naigre. Egoutter.

Passer les cuisses dans les œufs battus puis dans la chapelure et les faire frire au beurre.

Déglacer la poêle avec le vin blanc, ajouter le jus d'1 citron et une échalote pilée, saler, poivrer. Verser la sauce sur les beignets.

Décorer avec des tranches fines de citron.

ESCALOPES DE FOIE GRAS AUX RAISINS

6 personnes.

Préparation : 50 mn.
Cuisson : 10 mn.
Macération : 1 h.

Ingrédients :
12 escalopes de 80 g de foie
gras
50 g de farine
200 g de beurre
1 kg de raisin blanc
300 g de pain de mie
1 dl de cognac
5 dl de sauce madère
Sel, poivre du moulin.

Eplucher les grains de raisin et les faire macérer dans le cognac pendant 1 heure.

Tailler dans le pain de mie des croûtons de la dimension des escalopes et les faire dorer au beurre.

Fariner les escalopes de foie gras et les faire sauter vivement au beurre. Saler, poivrer.

Dresser les croûtons sur un plat ovale, y déposer les escalopes et garnir le tout avec les grains de raisin chauffés dans la sauce madère.

Servir le reste de sauce à part en saucière.

ESCARGOTS

✕✕ ○

4 personnes.

Préparation : 1 h.
Cuisson : 10 mn.

Ingrédients :
4 douzaines d'escargots au naturel
48 coquilles d'escargot
1 dl de vinaigre
1 pincée de noix de muscade
10 g de sel
5 g de poivre
200 g de beurre
1 bouquet de persil et de cerfeuil
6 gousses d'ail.

Bien laver les coquilles et les mettre à bouillir dans de l'eau très vinaigrée. Les égoutter complètement.

Hacher le persil, le cerfeuil et l'ail. Les malaxer avec le beurre, du sel, du poivre et de la muscade.

Mettre une noisette de farce au fond puis un escargot ou deux suivant leur taille et boucher avec la farce. Mettre à four chaud, 240 °C, (th. 8), et servir dès que le beurre mousse.

POELONS D'ESCARGOTS AUX GIROLLES

✕ ○○○

4 personnes.

Préparation : 30 mn.
Cuisson : 8 mn.

Ingrédients :
1/4 l de béchamel (p. 13)
4 douzaines d'escargots au naturel
100 g de girolles
5 gousses d'ail
3 cuil. à soupe de persil et de cerfeuil hachés
Sel, poivre
200 g de tomates
2 échalotes
1 cuil. à soupe d'huile.

Monder les tomates. Les épépiner puis les tailler en dés.

Faire revenir les échalotes hachées dans l'huile. Ajouter les escargots égouttés. Laisser cuire quelques minutes puis ajouter les girolles nettoyées et coupées en 4, la béchamel, l'ail haché, les herbes et les dés de tomate. Vérifier l'assaisonnement.

Dresser dans de petits poêlons. Servir aussitôt, saupoudré de persil haché.

FEUILLETES D'ESCARGOTS AUX CHANTERELLES

4 personnes.

Préparation : 20 mn.
Cuisson : 15 mn.
Repos : 10 mn.

Ingrédients :
150 g de pâte feuilletée
1 jaune d'œuf
20 escargots
20 g de noisettes
10 cl de vin blanc
40 cl de crème
200 g de chanterelles
Le jus d'1 citron
Sel, poivre
Beurre
Cerfeuil.

Abaisser la pâte feuilletée. Couper 4 cercles de 10 cm de diamètre. Les dorer à l'œuf. Les réserver au réfrigérateur.

Réchauffer très doucement les escargots dans le vin blanc.

Griller les noisettes, enlever leur peau. Les hacher grossièrement.

Nettoyer les champignons, les couper en fines lamelles, les mettre dans une poêle antiadhésive avec le jus de citron. Saler, laisser cuire jusqu'à évaporation complète de l'eau.

Cuire les feuilletés 10 minutes au four à 240 °C (th. 8).

Ajouter la crème au jus de cuisson des escargots. Faire réduire, rectifier l'assaisonnement. Retirer du feu, ajouter le cerfeuil ciselé, incorporer 50 g de beurre bien froid coupé en petits dés.

Ouvrir les feuilletés en deux, les garnir d'escargots, de chanterelles, de noisettes hachées et de sauce. Remettre le couvercle et servir.

ESCARGOTS EN BOUCHEES

✕ ∞

6 personnes.

Préparation : 40 mn.
Cuisson : 10 mn.

Ingrédients :
*3 douzaines d'escargots au
naturel
3 dl de vin blanc sec
1 carotte
1 oignon
Thym
36 petites bouchées
300 g de beurre
15 g de persil
15 g d'ail
20 g d'échalote
Sel, poivre.*

Rincer les escargots. Les passer 5 minutes dans le vin porté à ébullition avec le thym, la carotte et l'oignon en morceaux. Laisser refroidir.

Hacher très finement le persil, l'ail et l'échalote. Les incorporer au beurre ramolli. Assaisonner.

Déposer un escargot dans chaque bouchée. Déposer une noisette de beurre. Les passer à four chaud et servir dès que le beurre est fondu.

BOUCHEES A LA REINE

XX OOO

6 personnes.

Préparation : 20 mn.
Cuisson : 25 mn.
Repos : 1 h.

Ingrédients :
6 croûtes à garnir
250 g de ris de veau
6 quenelles de volaille
250 g de champignons cuits
30 g de beurre
1 dl de vin blanc sec
1 dl de bouillon de volaille
1 cuil. de farine
1 dl de crème fraîche
Thym, laurier
Muscade
Sel, poivre.

Faire dégorger les ris de veau à l'eau fraîche 1 heure.

Les pocher 10 minutes dans de l'eau bouillante aromatisée de thym et de laurier. Les égoutter. Enlever toutes les peaux. Couper les ris en gros dés.

Mettre 30 g de beurre dans une casserole et une cuillerée de farine. Remuer. Délayer avec le bouillon et le vin blanc. Laisser cuire 5 minutes.

Incorporer les ris, les quenelles en tronçons, les champignons égouttés, émincés. Saler, poivrer, mettre la muscade. Ajouter la crème et garnir les croûtes chaudes. Remettre 10 minutes au four à 150 °C (th. 5).

CROUTES
AUX MORILLES

XX OOO

6 personnes.

Préparation : 15 mn.
Cuisson : 30 mn.
Trempage : 1 h.

Ingrédients :
6 croûtes à garnir
100 g de morilles séchées
1 échalote
4 dl de crème
3 cuil. rases de farine
45 g de beurre
3 œufs
Sel, poivre.

Tremper les morilles 1 heure à l'eau froide. Bien les rincer pour enlever le sable. Les éponger.

Faire fondre l'échalote hachée au beurre, ajouter les morilles. Après évaporation de l'eau, saupoudrer de farine puis mouiller avec la crème. Laisser frémir à feu très doux 25 minutes. Saler, poivrer. Lier avec les jaunes d'œufs.

Verser dans les croûtes chauffées.

BOUCHEES PRINTANIERES

XX OOO

4 personnes.

Préparation : 15 mn.
Cuisson : 15 mn.

Ingrédients :
150 g de pâte feuilletée
1 jaune d'œuf
16 asperges
200 g de morilles
1 échalote
20 cl de crème épaisse
Beurre
Sel.

Abaisser la pâte feuilletée en 4 rectangles de 8 cm sur 6. Les dorer au jaune d'œuf, les réserver au réfrigérateur.

Peler les asperges, les couper en tronçons de 6 cm, les cuire à l'eau bouillante salée 8 minutes. Réserver au chaud.

Cuire les feuilletés 10 à 12 minutes à four chaud, 240 °C (th. 8).

Laver soigneusement les morilles. Faire fondre au beurre l'échalote hachée aussi finement que possible. Ajouter les morilles. Saler et faire cuire 5 minutes à couvert. Ajouter la crème et laisser mijoter à nouveau 3 à 4 minutes. Rectifier l'assaisonnement.

Ouvrir les feuilletés en deux. Les poser sur les assiettes de service très chaudes. Les garnir chacun avec 4 asperges bien égouttées, recouvrir avec les morilles à la crème. Remettre le couvercle et servir.

BOUCHEES
DE GRENOUILLES

XX OO

4 personnes.

Préparation : 30 mn.
Cuisson : 15 mn.

Ingrédients :
150 g de pâte feuilletée
1 jaune d'œuf
1 citron
24 cuisses de grenouilles
1/2 botte de cresson
1 échalote
10 cl de vin blanc
1/2 tablette de bouillon de
volaille
40 cl de crème fleurette
Cerfeuil.

Abaisser la pâte. Couper 4 carrés de 8 cm. Les dorer au jaune d'œuf et les réserver au réfrigérateur.

Faire réduire le vin blanc et l'échalote hachée, presque à sec. Ajouter le bouillon de volaille dilué dans 5 cl d'eau et la crème. Porter à ébullition. Y jeter les grenouilles. Laisser mijoter à couvert 5 minutes. Egoutter les grenouilles.

Ebouillanter 1 minute la demi-botte de cresson équeutée. Mixer, ajouter cette purée à la sauce et laisser réduire jusqu'à ce qu'elle soit onctueuse. Réserver au chaud.

Désosser les cuisses de grenouilles, les remettre dans la sauce réduite. Ajouter le cerfeuil ciselé et, au dernier moment, un trait de jus de citron.

Cuire les feuilletés 10 à 12 minutes au four à 240 °C, (th. 8). Les ouvrir en deux et les garnir du mélange sauce-grenouilles.

GOUGERE BOURGUIGNONNE

TALMOUSES

✗✗ ◯◯

6 personnes.

Préparation : 20 mn.
Cuisson : 30 mn.

Ingrédients :
4 œufs
80 g de beurre
200 g de comté
175 g de farine
2 dl d'eau
Sel, poivre
Muscade.

Porter à ébullition l'eau salée avec le beurre, une pointe de muscade et le poivre. Y jeter la farine en une seule fois et tourner vivement pour rendre le mélange homogène.

Remettre sur feu doux pour dessécher la pâte. Quand la pâte se détache des parois du récipient, retirer du feu et ajouter les œufs entiers, l'un après l'autre, en remuant jusqu'à complète incorporation.

Râper 100 g de comté et l'ajouter à la pâte. Couper le reste du fromage en petits cubes.

Dresser des petits choux de pâte en couronne sur une tôle légèrement huilée.

Piquer dans la pâte les cubes de comté et faire cuire à four doux, 160 °C (th. 5-6), pendant 25 minutes, puis à four chaud, 240 °C (th. 8), pendant 5 minutes. Servir aussitôt.

✗✗ ◯◯

6 personnes.

Préparation : 20 mn.
Cuisson : 30 mn.

Ingrédients :
400 g de pâte feuilletée
300 g de pâte à choux (p. 10)
400 g de béchamel (p. 13)
100 g de gruyère râpé,
1 jaune d'œuf pour dorer.

Abaisser la pâte feuilletée et la couper en carrés de 15 cm de côté.

Mélanger la pâte à choux, la béchamel chaude et le gruyère râpé.

Farcir le centre des carrés avec la préparation. Fermer comme une enveloppe en soudant les angles. Dorer à l'œuf. Faire cuire au four à 210 °C, (th. 7), 30 minutes.

CROQUE-MONSIEUR

6 personnes.

Préparation : 20 mn.
Cuisson : 10 mn.

Ingrédients :
12 tranches de pain de mie carré
2 tranches de jambon
6 cuil. à soupe de crème fraîche
150 g de gruyère
Sel, poivre
75 g de beurre.

Beurrer les tranches de pain de mie.

Couper les tranches de jambon au format des tranches de pain.

Couvrir 6 tartines beurrées de jambon puis de gruyère râpé et d'une autre tranche de pain beurré. Terminer par une couche de gruyère râpé que l'on nappe d'une cuillerée de crème fraîche. Saler, poivrer et faire gratiner à four chaud, 240 °C (th. 8), quelques minutes.

Servir les croque-monsieur très chauds, accompagnés d'une salade verte.

PAIN PERDU GRATINE

4 personnes.

Préparation : 15 mn.
Cuisson : 15 mn.

Ingrédients :
4 tranches de pain rassis d'1 cm d'épaisseur
15 cl de lait
1 œuf
50 g de beurre
50 g de comté
Sel, poivre.

Battre l'œuf. Y ajouter le lait chaud en fouettant. Saler et poivrer.

Tartiner chaque tranche de beurre ramolli. Les mettre à tremper 5 minutes dans le mélange œuf-lait.

Placer ces tranches dans un plat à gratin beurré. Saupoudrer de fromage râpé. Faire gratiner au four à 240 °C, (th. 8), 15 minutes.

Servir brûlant.

TOASTS GRATINES

✕○

5 personnes.

Préparation : 15 mn.
Cuisson : 10 mn.

Ingrédients :
5 tranches de pain de mie
d'1 cm d'épaisseur
3 cuil. à soupe de vin blanc
125 g de Chester râpé
Sel, poivre
25 g de beurre.

Beurrer les tranches de pain. Les mettre au four à 240 °C, (th. 8), 5 minutes.

Chauffer doucement le vin avec le fromage en fouettant jusqu'à obtention d'une crème onctueuse. Saler et poivrer.

Répartir cette crème sur les tranches de pain et passer au four à 270 °C, (th. 9), 5 minutes.

Servir brûlant.

WELSH RAREBIT

CROUTES ANVERSOISES

✕ ○

4 personnes.

Préparation : 8 mn.
Cuisson : 8 mn.

Ingrédients :
*4 toasts de pain de mie carré
grillés
5 dl de bière blonde
300 g de fromage de chester
coupé en petits dés (ou râpé)
1 cuil. à soupe rase de fécule
1 cuil. à soupe de moutarde forte
Sel, poivre.*

Réserver un verre à liqueur de bière. Y délayer la fécule.

Faire bouillir la bière restante. Poivrer. Ajouter petit à petit le chester, sans cesser de remuer. A ébullition, lier avec la fécule délayée et la moutarde. Rectifier l'assaisonnement si nécessaire. Verser cette fondue sur les toasts.

Glisser sous le gril du four pour gratiner vivement. Servir sans attendre.

✕ ○

4 personnes.

Trempage : 2 h.
Préparation : 20 mn.
Cuisson : 12 mn.

Ingrédients :
*4 croûtes taillées dans du pain de
mie carré
150 g de jambon cuit
80 g de pruneaux
100 g de fromage à pâte cuite
de Hollande
40 g de beurre
20 g de farine
25 cl de bière brune
1 dl de crème fraîche épaisse
Sel, poivre.*

Dénoyauter les pruneaux. Les couper en morceaux. Les mettre à tremper 2 heures dans la bière brune. Les égoutter. Réserver la bière.

Badigeonner les croûtes avec 20 g de beurre fondu. Les faire dorer au four.

Faire un roux avec le beurre restant et la farine. Mouiller le roux avec la bière brune récupérée. Délayer soigneusement. Porter 1 minute à ébullition. Ajouter la crème. Saler et poivrer.

Couper le jambon et le fromage en dés. Mélanger avec les pruneaux. En garnir les croûtes. Verser dessus la sauce à la bière brune.

Glisser sous le gril du four, à mi-hauteur, pour chauffer l'ensemble. Servir dès que le fromage commence à fondre et à gratiner légèrement.

CANAPES EPICURE

4 personnes.

Préparation : 5 mn.

Ingrédients :
4 tranches de pain de mie carré
180 g de roquefort
60 g de beurre
80 g de cerneaux de noix
5 cl de cognac
Sel, poivre.

Beurrer les tranches de pain.

Réserver 4 cerneaux de noix. Hacher le reste. Travailler vigoureusement le roquefort, le beurre restant, les noix hachées et le cognac. Poivrer. Saler si nécessaire.

Répartir la préparation sur les canapés. Décorer avec les cerneaux de noix.

CROUTES MORNAY

4 personnes.

Préparation : 8 mn.
Cuisson : 10 mn.

Ingrédients :
4 croûtes taillées dans du pain long
1,5 dl de sauce Mornay
150 g de roquefort
30 g de beurre
30 g d'amandes effilées grillées
Sel, poivre.

Beurrer légèrement les croûtes. Les faire dorer au four.

Couper le roquefort en petits cubes. Le mélanger à la sauce Mornay chaude. Assaisonner. Répartir cette préparation dans les croûtes. Passer l'ensemble à four très chaud.

Parsemer avec les amandes grillées au moment de servir.

TARTINES DE ROQUEFORT

Mélanger énergique-ment le roquefort avec le beurre et les fines herbes. Poivrer. Etaler la prépara-tion sur les tartines, en couche assez épaisse.

Passer à four chaud. Servir dès que la "pâte" de roquefort commence à fondre et à imprégner les tartines.

✗ ◯◯

4 personnes.

Préparation : 4 mn.
Cuisson : 4 mn.

Ingrédients :
4 tartines de pain de campagne grillées
200 g de roquefort
80 g de beurre
2 cuil. à soupe de fines herbes hachées (persil, ciboulette, estragon)
Sel, poivre.

TOASTS DES CAUSSES

Emietter le roquefort. Le mélanger avec le fro-mage blanc.

Eplucher la pomme. La couper en petits cubes ainsi que les pruneaux dénoyautés. Ajouter le tout à la préparation au roquefort. Poivrer. Saler si nécessaire.

Garnir les toasts. Ser-vir sans attendre.

✗ ◯◯

4 personnes.

Préparation : 8 mn.

Ingrédients :
4 tranches de pain de mie carré grillées
150 g de roquefort
150 g de fromage blanc à 20 % de matière grasse
1 pomme fruit (reinette ou granny-smith)
4 pruneaux à l'armagnac
Sel, poivre.

TARTINES AUX PRUNEAUX A L'ARMAGNAC

✗✗ ◯◯◯

4 personnes.

Repos : 2 h.
Préparation : 30 mn.
Cuisson : 8 mn.

Ingrédients :
4 tartines de pain de campagne
300 g de foie gras cru (oie ou
canard, 1 lobe)
30 g de farine
150 g de pruneaux dénoyautés
à l'armagnac
Sel, poivre.

2 heures avant la cuisson, parer le lobe de foie gras très soigneusement pour supprimer toute trace verte de fiel, toute membrane et un maximum de vaisseaux sanguins, sans entamer ni abîmer le foie. Le couper en 8 tranches régulières un peu épaisses. Les saler et les poivrer. Les arroser de l'armagnac qui baignait les pruneaux. Laisser reposer au frais jusqu'à utilisation.

Couper les pruneaux en petits morceaux.

Faire chauffer une poêle antiadhésive (sans corps gras). Passer les tranches de foie gras dans la farine. Les faire cuire à la poêle vivement pendant 1 minute et demie de chaque côté. Les retirer et les tenir au chaud entre 2 assiettes.

Prélever la moitié de la graisse rendue à la cuisson pour en imbiber les tartines. Les faire dorer rapidement sous le gril du four.

Poser les tranches de foie gras chaudes sur les tartines. Faire sauter rapidement les morceaux de pruneaux à la poêle. Les disposer brûlants sur le foie gras. Servir immédiatement.

TARTINES AUX POMMES
A L'ALSACIENNE

4 personnes.

Repos : 2 h.
Préparation : 35 mn.
Cuisson : 8 mn.

Ingrédients :
4 tartines de pain de campagne
300 g de foie gras cru (oie ou
canard, 1 lobe)
1 pomme fruit (type Boskoop)
30 g de farine
5 cl de madère
Sel, poivre.

2 heures avant la cuisson, parer le lobe de foie gras très soigneusement pour supprimer toute trace verte de fiel, toute membrane et un maximum de vaisseaux sanguins, sans entamer ni abîmer le foie. Le couper en 8 tranches régulières un peu épaisses. Les saler et les poivrer. Les arroser de quelques gouttes de madère. Laisser reposer au frais jusqu'à utilisation.

Eplucher la pomme. Retirer les pépins à l'aide d'un vide-pomme. La couper en 8 tranches régulières.

Faire chauffer une poêle antiadhésive (sans corps gras). Passer les tranches de foie gras dans la farine. Les faire cuire à la poêle vivement pendant 1 minute et demie de chaque côté. Les retirer et les tenir au chaud entre 2 assiettes.

Prélever la moitié de la graisse rendue à la cuisson pour en imbiber les tartines. Les faire dorer rapidement sous le gril du four.

Cuire les tranches de pomme à la poêle, dans la graisse restante. Saler, poivrer légèrement. Déposer 2 tranches sur chaque tartine. Poser dessus les escalopes de foie gras chaudes. Servir sans attendre.

QUICHE FLORENTINE AUX GRENOUILLES ET AUX ESCARGOTS

XX OO

8 personnes.

Préparation : 25 mn.
Cuisson : 30 mn.

Ingrédients :
200 g de pâte brisée (p. 11)
500 g de tomates
200 g d'épinards en branches cuits
100 g d'escargots
500 g de cuisses de grenouilles
Sel, poivre du moulin
1 bouquet de cerfeuil
3 gousses d'ail hachées
1 cuil. à soupe de persil haché.

Monder, épépiner et hacher finement les tomates. Les faire cuire 10 minutes à feu moyen. Assaisonner. Réserver.

Etaler la pâte. En foncer un cercle à tarte. La faire cuire à blanc 20 minutes environ à 180 °C (th. 6).

Désosser les cuisses de grenouilles et les faire revenir avec les escargots dans une poêle antiadhésive. Ajouter la concassée de tomate, l'ail et le persil.

Répartir les épinards assaisonnés dans le fond de la tarte chaude, ajouter les grenouilles et les escargots. Saupoudrer le dessus de pluches de cerfeuil et servir aussitôt.

QUICHE PAYSANNE

XX OO

8 personnes.

Préparation : 30 mn.
Cuisson : 35 mn.

Ingrédients :
300 g de pâte feuilletée
100 g de lard fumé
3 dl de crème fraîche épaisse
3 œufs
2 oignons
100 g de gruyère
25 g de beurre
Sel, poivre.

Couper le lard en fines lamelles. Les faire revenir dans une poêle avec un peu de beurre. Ajouter les oignons émincés pour les faire fondre sans prendre de couleur.

Abaisser la pâte. Foncer un moule à tourte beurré. Piquer le fond avec une fourchette et y verser la préparation lard-oignons. Saupoudrer la moitié du gruyère.

Mélanger les œufs avec la crème. Saler, poivrer. Verser l'appareil sur le fond de tarte. Parsemer de quelques noisettes de beurre et du reste de fromage.

Faire cuire au four à 240 °C, (th. 8). Servir chaud.

TARTE A L'OIGNON

TARTELETTES A L'EDAM

6 à 8 personnes.

Préparation : 20 mn.
Cuisson : 50 mn.

Ingrédients :
400 g de pâte brisée (p. 11)
600 g d'oignons
75 g de beurre
60 g de farine
15 cl de crème
15 cl de lait
2 jaunes d'œufs
Sel, poivre
Muscade.

Eplucher et émincer finement les oignons. Les étuver avec le beurre sans les laisser colorer. Laisser refroidir.

Abaisser la pâte. En foncer un moule. Y répartir les oignons.

Mélanger la farine, les œufs, la crème, le lait et l'assaisonnement. Verser le tout sur la tarte. Cuire au four à 180 °C, (th. 6), pendant environ 30 minutes.

6 personnes.

Préparation : 30 mn.
Cuisson : 45mn.

Ingrédients :
200 g de pâte brisée (p. 11)
150 g d'édam
150 g de jambon
1 boîte moyenne de
champignons
1 oignon
3 dl de lait
3 cuil. à soupe de farine
60 g de beurre
1 citron
Sel, poivre
Muscade
Paprika.

Abaisser la pâte brisée. En foncer 6 moules à tartelette et faire cuire à blanc pendant 20 minutes.

Faire fondre 20 g de beurre dans une poêle, y faire blondir l'oignon émincé et les champignons coupés en lamelles.

Faire fondre le reste de beurre, ajouter la farine et mouiller avec le lait. Laisser bien épaissir. Saler, poivrer, ajouter la noix de muscade et le jus d'une moitié de citron. Mélanger avec les champignons, le jambon coupé en dés et la moitié de l'édam râpé.

Remplir les tartelettes de cette préparation. Recouvrir de lamelles de fromage. Saupoudrer de paprika.

Mettre à four moyen pendant 10 à 15 minutes. Servir chaud.

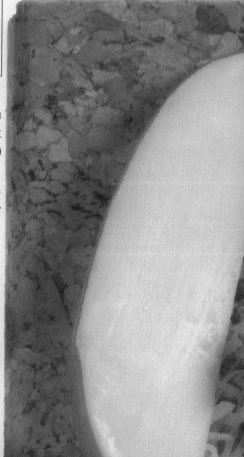

TARTE AUX POINTES D'ASPERGES

6 personnes.

Préparation : 30 mn.
Cuisson : 1 h.

Ingrédients :
300 g de pâte brisée (p. 11)
1 kg d'asperges
70 g de beurre
50 g de farine
Sel, poivre
Noix de muscade
1,5 dl de crème
50 g de gruyère râpé.

Peler, laver les asperges, retirer les pointes, couper le reste en tronçons de 5 cm. Les faire cuire à l'eau bouillante salée 15 minutes puis ajouter les pointes. Laisser encore pocher 10 minutes. Egoutter les asperges en réservant l'eau de cuisson. Réserver les pointes pour décorer la tarte.

Faire un roux avec 50 g de beurre, la farine, et mouiller avec du jus de cuisson des asperges, puis ajouter la crème. Assaisonner. Ajouter les asperges, sauf les pointes, et mêler délicatement.

Foncer un moule à tarte avec la pâte, y verser la préparation, saupoudrer de gruyère et de noisettes du beurre restant. Garnir avec les pointes d'asperges.

Faire cuire 30 minutes à four chaud, 180 °C (th. 6).

PISSALADIERE

✗○

6 personnes.

Préparation : 15 mn.
Cuisson : 45 mn.

Ingrédients :
400 g de pâte à pain
1 kg d'oignons
2 gousses d'ail
500 g de tomates
1 petite boîte de filets d'anchois
Quelques olives noires
Quelques pincées d'herbes de Provence
Sel, poivre.

Faire revenir doucement l'ail et les oignons hachés sans les laisser prendre couleur. Ajouter les tomates pelées et écrasées. Les faire fondre quelques instants. Saler légèrement, poivrer.

Abaisser la pâte. La déposer sur une plaque huilée. La garnir de la préparation précédente. Décorer avec les olives et les anchois. Saupoudrer d'herbes de Provence. Cuire 30 minutes environ au four, à 210 °C, (th. 7).

PIZZA

4 personnes.

Préparation : 50 mn.
Cuisson : 15 mn.

Ingrédients :
250 g de farine
1 cuil. à café de sel
1/2 verre d'huile d'olive
10 g de levure de boulanger
100 g de mozzarella
40 g de parmesan râpé
1 oignon
1 petite boîte de tomates pelées
*2 cuil. à soupe de concentré de
tomate*
Sel, poivre
Anchois
Olives
Thym
Ail.

Travailler la farine avec la levure délayée dans un peu d'eau tiède, le sel et l'huile. On doit obtenir une pâte un peu molle. Ajouter de l'eau si nécessaire. L'étaler sur une plaque huilée, la laisser monter en la tenant au chaud.

Faire revenir l'oignon émincé dans un peu d'huile puis ajouter les tomates pelées bien égouttées. Les écraser à la fourchette et assaisonner avec du thym, du sel, du poivre et une gousse d'ail hachée. Ajouter le concentré de tomate et étendre la préparation sur la pâte.

Garnir avec les fromages, les olives et les anchois.

Faire cuire à four moyen, 180 °C (th. 6). Servir chaud.

PIZZA AUX FRUITS DE MER

XX OO

6 personnes.

Préparation : 30 mn.
Cuisson : 35 mn.

Ingrédients :
300 g de pâte à pizza (p. 11)
25 cl de pulpe de tomate salée
1/2 l de moules
100 g de crevettes décortiquées
10 olives noires
100 g de mozzarella
Herbes de Provence
1/2 verre de vin blanc
Huile d'olive.

Ouvrir les moules avec le vin blanc, sur feu vif. Les sortir des coquilles.

Abaisser la pâte. Répartir la pulpe, les fines tranches de mozzarella, les moules, les crevettes et les olives.

Saupoudrer d'herbes de Provence et arroser d'un filet d'huile. Faire cuire 30 minutes, 210 °C (th. 7).

PIZZA NAPOLITAINE

X O

4 personnes.

Préparation : 25 mn.
Cuisson : 35 mn.

Ingrédients :
300 g de pâte à pizza (p. 11)
2 oignons
2 cuil. à soupe d'huile d'olive
500 g de tomates
2 gousses d'ail
Thym
Sel, poivre
100 g de gruyère râpé
Quelques anchois
Olives noires.

Faire blondir les oignons émincés dans l'huile, ajouter les tomates mondées et épépinées, l'ail haché et les épices. Laisser mijoter 5 minutes à découvert.

Abaisser la pâte. Replier le bord par en-dessous de manière à former un bourrelet. La huiler avec un pinceau.

Etaler la préparation tiédie sur la pâte. Saupoudrer de fromage râpé, garnir d'anchois et d'olives noires. Arroser d'un filet d'huile.

Passer 30 minutes à four chaud, 210 °C (th. 7).

PIZZA DES 4 SAISONS

✗✗ ◯◯

4 personnes.

Préparation : 20 mn.
Cuisson : 25 mn.

Ingrédients :
300 g pâte à pizza (p. 11)
5 tomates
200 g de champignons
Olives
4 filets d'anchois
2 cœurs d'artichaut
6 rondelles de salami
Huile d'olive
Herbes de Provence
100 g d'emmenthal
1 gousse d'ail
Sel.

Nettoyer et émincer les champignons. Les faire sauter 15 minutes avec un peu d'huile d'olive et l'ail haché. Saler.

Réduire les tomates mondées et épépinées en purée.

Abaisser la pâte. La disposer sur une tôle huilée. Y répartir la purée de tomate tiède. Répartir séparément sur chaque quart les champignons, le salami avec les olives, les fonds d'artichaut émincés et enfin les filets d'anchois.

Saupoudrer d'emmenthal râpé, d'herbes de Provence, et arroser d'huile. Passer 10 minutes au four à 270 °C (th. 9).

TOURTE ALSACIENNE

TOURTE

6 personnes.

Préparation : 20 mn.
Cuisson : 50 mn.

Ingrédients :
600 g de pâte feuilletée
400 g de porc maigre
400 g de veau maigre
1 petit pain au lait
50 g d'oignon
1 gousse d'ail
14 g de sel fin
Poivre, muscade
2 œufs
1 dl de lait.

Abaisser la pâte feuilletée. Foncer un moule avec la moitié de la pâte.

Emincer l'oignon et l'ail. Tremper le pain dans le lait bouillant. Hacher grossièrement la viande et le pain. Mélanger la viande, le pain, l'oignon, l'ail, 1 œuf et l'assaisonnement.

Disposer la farce sur l'abaisse de pâte en formant un dôme. Remonter les bords. Les dorer. Poser le reste de pâte en le soudant bien sur le fond. Préparer une cheminée. Dorer à l'œuf et cuire 50 minutes au four à 210 °C (th. 7).

6 personnes.

Préparation : 35 mn.
Marinade : 48 h.
Cuisson : 50 mn.

Ingrédients :
500 g de pâte feuilletée
200 g d'épaule de veau
200 g d'échine de porc maigre
1 dl de crème
3 œufs + 1 jaune
100 g de gruyère
150 g de champignons
100 g de lard
2 échalotes
Sel, poivre
Marjolaine, thym
Persil.

Marinade :
25 cl de vin blanc
Persil
2 échalotes
Sel, poivre
1 feuille de laurier.

LORRAINE

TOURTE AUX CHAMPIGNONS

Couper le veau en petits carrés. Le faire mariner 48 heures.

Le faire cuire dans la marinade jusqu'à complète absorption du vin.

Hacher le porc, y incorporer les œufs entiers, la crème, le gruyère, les épices puis le veau.

Faire suer les champignons émincés avec le lard en petits dés et les échalotes hachées. Ajouter à la viande.

Foncer une tourtière avec de la pâte. Y verser la préparation. Humecter le tour de la pâte et couvrir avec un disque de pâte. Bien souder les bords. Badigeonner au jaune d'œuf et faire une cheminée au centre. Faire cuire au four à 240 °C, (th. 8), 30 minutes, puis 10 minutes à 180 °C (th. 6).

✕ ⚭

6 personnes.

Préparation : 20 mn.
Cuisson : 1 h.

Ingrédients :
350 g de pâte brisée (p. 11)
300 g de champignons
300 g de jambon maigre
150 g de comté
1 dl de crème épaisse
25 g de beurre
Le jus d'1 citron
Sel, poivre
1 jaune d'œuf.

Nettoyer et émincer les champignons. Les citronner. Les faire sauter au beurre 10 minutes. Assaisonner.

Couper le fromage et le jambon en petits dés. Les ajouter aux champignons ainsi que la crème. Vérifier l'assaisonnement.

Foncer une tourtière avec les 2/3 de la pâte. Y verser la préparation, couvrir avec un autre disque. Souder le tour, faire une cheminée au centre. Badigeonner au jaune d'œuf. Faire cuire 50 minutes au four à 240 °C (th. 8).

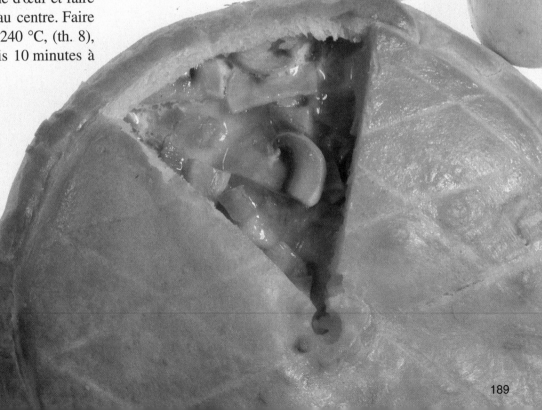

SAUMON EN KOULIBIAC

6 personnes.

Préparation : 45 mn.
Cuisson : 1 h 40 mn.

Ingrédients :
1 kg de saumon
250 g de riz
70 g de beurre
4 œufs durs
500 g d'épinards cuits en
branches
600 g de pâte brisée (p. 11)
Une crépine de porc
3 œufs
1 citron
1/2 bouteille de vin blanc sec
1/2 l de court-bouillon (p. 12)
100 g de crème épaisse
Sel, poivre.

Chauffer le vin avec le court-bouillon. Saler, poivrer. Y pocher le poisson 15 minutes.

Retirer le saumon. Enlever la peau et les arêtes et les remettre dans le court-bouillon. Laisser cuire 30 minutes. Filtrer le jus de cuisson.

Faire revenir le riz lavé et séché dans 30 g de beurre en remuant pendant 4 à 5 minutes. Quand les grains blondissent, mouiller avec la moitié du jus de cuisson du poisson (réserver le reste). Assaisonner. Finir de cuire 20 minutes. Au besoin, ajouter un peu d'eau. Laisser refroidir et ajouter 2 cuillerées à soupe de crème, 2 jaunes d'œufs et le jus du citron.

Garnir un moule à cake d'une crépine. Y déposer une couche de riz, une de saumon émietté, une d'épinards, les œufs durs écalés, le reste d'épinards, de saumon et de riz. Refermer la crépine.

Etendre la pâte en rectangle d'1 cm d'épaisseur. Retourner le moule dessus puis le retirer. Envelopper la préparation avec la pâte. Coller les bords au blanc d'œuf. Dorer au jaune d'œuf. Faire cuire au four à 210 °C, (th. 7), pendant environ 30 minutes.

SAUCISSON EN BRIOCHE

4 personnes.

Préparation : 30 mn.
Cuisson : 45 mn.
Repos : 2 h 30 mn.

Ingrédients :
1 saucisson lyonnais à l'ail.

Pâte à brioche :
250 g de farine
10 g de sel
130 g de beurre
3 œufs + 1 jaune
20 g de levure de boulanger
3 cuil. de lait.

Pétrir 50 g de farine avec la levure délayée dans de l'eau tiède. Laisser lever 1 heure.

Dans une terrine, mélanger le reste de farine, le beurre, les œufs, le sel, le lait, le levain. Travailler le tout.

Dans un moule beurré, verser la moitié de la pâte. Poser dessus le saucisson badigeonné de jaune d'œuf. Recouvrir du reste de la préparation. Faire lever 1 heure 30 minutes dans un endroit tiède.

Dorer puis enfourner rapidement. Cuire 45 minutes au four à 180 °C (th. 6).

DECORS

SALADES

Légères, fraîches et croquantes, elles permettent de marier les couleurs des légumes, la transparence d'un aspic et la forme d'un radis sculpté.

Le secret d'une assiette réussie ? Un choix judicieux de produits variés et colorés (légumes, salades, œufs, poissons ou crustacés), un arrangement soigné et une touche d'originalité.

SOURIS EN RADIS

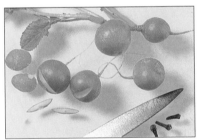

Nettoyer les radis en laissant la queue. Découper la bouche.

Utilisez 2 tranches de radis pour les oreilles et 2 clous de girofle pour les yeux.

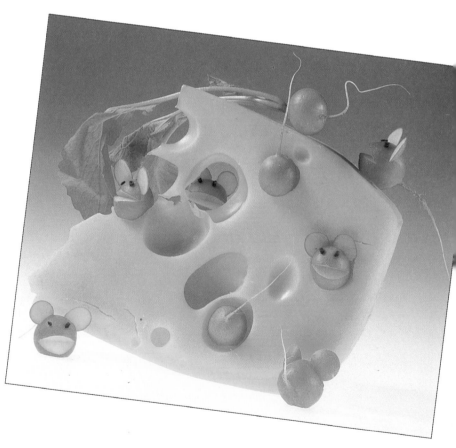

ASPICS

Couler une fine couche de gelée au fond d'un ramequin propre et sec. Laisser prendre au frais.
Placer les premiers éléments du décor. Couler 1 cm de gelée.

Dès qu'elle est prise, disposer la garniture en choisissant les couleurs.
Couler de la gelée. Laisser prendre.

Eventuellement, terminer par une dernière couche de garniture. Remettre au frais.
Pour démouler, tremper le moule quelques instants dans l'eau chaude.

FLEURS EN RADIS

Inciser les radis pour former les pétales.

Les laisser s'ouvrir dans de l'eau très froide.

PELER A VIF

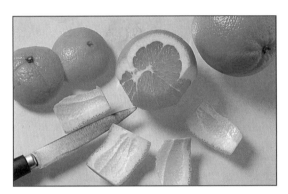

Couper les 2 bouts de l'orange. Enlever la peau blanche et l'écorce en suivant la forme du fruit.

Dégager chaque quartier sans le briser.

ŒUFS MIMOSA

Couper les œufs en deux. Ecraser les jaunes à la fourchette avec un peu de crème fraîche.

Remplir les blancs à l'aide d'une poche munie d'une douille cannelée.

ENTREES

Raffinées et spectaculaires, les entrées, rehaussées par un éclat de gelée et les couleurs issues des légumes, savent tenir leur rang dans un menu de fête.

La préparation du décor prend déjà forme lors de l'élaboration de la terrine ou de la ballottine en choisissant et en disposant les ingrédients avec soin.

HERBES

Fagot : *lier les brins de ciboulette. Les couper à la même hauteur.*

Le damier, les motifs en gelée et les tartelettes de légumes peuvent se décliner indifféremment sur plat ou sur assiette.

Pluches de cerfeuil : *elles peuvent décorer des entrées, des viandes, des potages, des canapés...*

MOUSSELINE

TERRINE

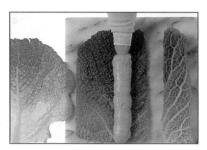

Déposer un boudin de mousse de carotte sur une feuille de chou blanchi. Rouler.

Remplir la terrine à moitié. Placer la garniture en appuyant légèrement. Compléter. Tasser.

BALLOTINES

Etaler la mousse sur le filet de saumon.

Disposer la garniture. Rouler le filet dans du papier aluminium ou film. Pocher.

Incorporer une brunoise de légumes à la mousse de volaille. En farcir une cuisse désossée.

Rouler le tout en prenant soin de bien enfermer la mousse. Pocher.

GELEE

DAMIER

Colorer une partie de la gelée liquide avec du viandox. Laisser prendre dans des plaques. Découper des carrés.

Les assembler soigneusement en damier. Passer un peu de gelée au pinceau.

GELEE HACHEE

Hacher grossièrement la gelée.

La dresser rapidement à la poche.

MOTIFS EN GELEE

Découper une plaque de gelée à l'emporte-pièce cannelé.

On peut réaliser toute sorte de motifs.

LEGUMES

TARTELETTES

*Préparer et nettoyer les légumes.
Couper des tronçons.*

Canneler. Arrondir la base.

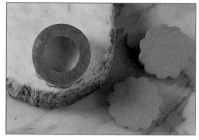

Pour les gros légumes, les découper à l'emporte-pièce.

Creuser les fonds à l'aide d'une cuillère à pommes parisiennes. Préparer les perles de légumes.

Cuire l'ensemble à l'eau bouillante salée.

Garnir harmonieusement les tartelettes.

Les lustrer à la gelée avec un pinceau.

ROSE EN TOMATE

Décoller la peau à l'aide d'un couteau bien aiguisé.

L'enrouler sur elle-même, côté lisse à l'extérieur.

PETITS LEGUMES

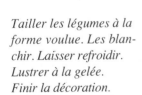

Tailler les légumes à la forme voulue. Les blanchir. Laisser refroidir. Lustrer à la gelée. Finir la décoration.

TABLE
DES MATIERES

ENTREES

DECORS

Photos : S.A.E.P. / J.L. SYREN / C. DUMOULIN

Les recettes de cet ouvrage sont tirées des collections RECETTES - CONSEILS, Delta 2000, Delta poche et FLEURONS.

Oeuvre collective :
N. Bandelier - C. Cortinovis - G. Déchaux - J.P. Dezavelle - P. Fischer - P. Güggenbühl - M. Lansard - N. Prévot - L. Spadone - J. Syren - J.L. Syren - G. Wenzler - E. Zipper.

INDEX

© S.A.E.P. 1992
Dépôt légal 3e trim. 1992 n° 1 965

ISBN 2-7372-2392-X
Imprimé en C.E.E.